ブックレット《アジアを学ぼう》61

金子祐樹

「新続忠臣図」

倭乱後朝鮮における理想的忠の群像

風響社

凡例——2

はじめに——3

❶ 「新続忠臣図」とその背景——〈行実図〉・倭乱朝鮮王——4

1 「新続忠臣図」とは——4

2 〈行実図〉の出現とその背景——5

3 〈行実図〉の展開と旌表政策——6

4 『東国新続三綱行実図』における「新続忠臣図」——7

5 壬辰丁酉倭乱と宣祖——8

6 壬辰丁酉倭乱と光海君——10

❷ 倭乱以前の忠臣たち——朝鮮三国・高麗・倭乱前朝鮮国——12

1 朝鮮三国の忠臣たち——新羅・百済・高句麗——13

2 高麗の忠臣たち——25

3 倭乱前朝鮮国の忠臣たち——39

❸ 倭乱の忠臣たち——壬辰倭乱と丁酉倭乱——42

1 壬辰倭乱の忠臣たち——44

2 丁酉倭乱の忠臣たち——61

おわりに——67

注・参考文献——68

倭乱関係地図——77

新続忠臣図記事による関連年表——78

あとがき——79

表表紙：光化門広場忠武公李舜臣銅像

『ソウル観光財団アーカイブ』(No.7922)

http://archive.visitseoul.net

裏表紙：褒忠祠忠奴碑(著者撮影)

凡例

一、本書でKorean peninsulaという地域を指す際は、日本語の慣習に従って「朝鮮半島」または「朝鮮」とした。特に通時的なそれを指す場合は「朝鮮」としている。

二、朝鮮半島に興った国家についても、基本的には日本語の慣習に従った。すなわち、「新羅」「百済」「高句麗」「高麗」といった近世以前の国家はこのまま用いた。ただ、高麗の次に興った国家については、かつて「李朝」とするのが主流であったけれども、近年の慣習に従って「朝鮮王朝」、あるいは政権でなく国のニュアンスを強調するため「朝鮮国」とした。現代については、大韓民国は「韓国」または「現代韓国」、朝鮮民主主義人民共和国は「北朝鮮」と、それぞれの略称で指すことにした。なお、近代については、韓国でいわゆる「日帝強占期」や戦前の日本で用いられた「内地」に対する「朝鮮」呼称でなく、「日本植民地期」「植民地期」となる。

三、『新続忠臣図』の記事を本文で引用する際は、現代日本語訳にしたうえ、（第○張、「◇◇◇◇」）のように、（）内に掲載張番号と「」つきの記事題を付した。これは、行実図という一連の書物が基本的に一張一記事の原則を守っており、読者の便宜に供しうるためである。なお、「張」とは和本や韓本・漢籍といった東アジアの袋とじ型の古典籍の頁を数える単位で、袋とじであるため、表裏で一枚となり、表をオ、裏をウと略す。たとえば、一頁目の表は、一オである。

四、人名の表記は、記事名の一部として書かれている場合は原文に従ったものの、そうでない場合は現代の通用字体にした。例えば、「昌國射賊」・姜昌国としたように、である。

五、記事に関連する年月日は、その出典の表記に準拠した。従い、古典に基づく日付は陰暦となる。

六、ルビをつける場合、人名については日韓間・日中間で行われる人名の読み方に従い、日本人はひらがな、外国人はカタカナで記した。たとえば、加藤清正《かとうきよまさ》（日本）・李舜臣《イスンシン》（朝鮮国）・楊元《ヨウゲン》（明）のように、である。地名や書名、その他については、『東国新続三綱行実図《とうごくしんぞくさんこうこうじつず》』のように一律で日本語漢字音読みとした。

七、紙面の制約上、漢文等原文の引用は行わず、引用元情報のみを巻末注に記した。ただし、論旨をより分かりやすくするため、［］内に示したものもある。

八、引用形式は［著者　刊行年：頁、他］としつつ、一次資料についてのみ、旧来の形式とした。

「新続忠臣図」——倭乱後朝鮮における理想的忠の群像

金子祐樹

はじめに

まずは、本書で取り上げられる作品「新続忠臣図」が、『東国新続三綱行実図』という韓国古典文学作品を構成する一巻である点をお断りする。そのうえで、作品自体の説明は次頁から述べるとして、我々がこの「新続忠臣図」を読む意義について、少し考えてみたい。

現代日本においてこそ朝鮮古典文学研究は下火であるものの、日本でずっと関心が持たれなかったわけではない。例えば江戸時代には、金時習の『金鰲新話《きんごうしんわ》』や後述する刪定諺解本『三綱行実図』、そして文禄慶長の役を経験した柳成龍の『懲毖録《ちょうひろく》』や安邦俊の『隠峯野史別録《いんぽうやしべつろく》』といった在野の史書も読まれていた。近代には、朝鮮群書大系という朝鮮古典の活字本シリーズが出され、今も大学図書館などに蔵書されている。

「新続忠臣図」は文禄慶長の役終結から僅か二〇年ほど後の一六一七年に出された。現在、韓国で正式には壬辰丁酉倭乱、日常の会話ではただ壬乱・倭乱とも称されるこの戦争について、果たしてどう認識されているかのルーツが本書を通じて垣間見られれば、そしてそれが現代の韓国を理解する一助になれば幸いである。

ただ、それはそれとして、本書で描く人物を、『三国志』の関羽や日本の『忠臣蔵』の赤穂浪士達と同じく、シンプルに朝鮮の忠臣としてお読みいただいても、やはり嬉しい。この「新続忠臣図」には、この戦争で散った朝鮮国の将兵ばかりでなく庶民やそれ以前の朝鮮国の人物、さらには高麗、および新羅を含む朝鮮三国の人物までも収録されている。様々な忠臣像・忠臣譚を楽しんでいただくことで、隣国理解のきっかけになればと思う。

一 「新続忠臣図」とその背景――〈行実図〉・倭乱・朝鮮王

1 「新続忠臣図」とは

一五九二年から一五九八年まで続いた壬辰丁酉倭乱[1]（日本でいう文禄慶長の役）は、その後の東アジア三国それぞれに政治変動を起こした。一六〇三年に豊臣政権が倒されて徳川幕府が興り、満州地域にヌルハチの建てた後金（のちの清朝）により一六〇八年から明朝の凋落が始まるのは、この戦争の影響である。朝鮮半島では朝鮮王朝が倒されることは無かったものの、「交河遷都論」つまり漢城（現在のソウル）から交河（現在の京畿道坡州市交河洞）への遷都が唱えられたり（実現せず）、実質的に国政を担って明と女真との間で中立外交をしていた光海君《クァンヘグン》が、その外交政策ゆえに仁祖反正と呼ばれるクーデターにより廃位されたりした。

この経緯ゆえに光海君は王号も諡号も無いうえ、王陵も無い（墓は現在の京畿道南楊州市にある）。そのため、かつては暴君とされ低評価であったけれども、近年は見直されつつある[2]。

この、朝鮮国第一五代国王光海君が、その八代祖に当たる世宗が民心を収めるために命じて『三綱行実図』の初刊本を撰述させたように、壬辰倭乱で荒廃した民心を収めようと刊行させたものこそ『東国新続三綱行実図』（以下、略す際は『東新』）全一八巻であり、「新続忠臣図」（以下、略す際は「新忠」）はそのうちの一巻なのである。

『東新』は、朝鮮全土から集められた旌表記録集と言える。旌表政策とは、儒教道徳に適う徳行の実践者に対し、その邑に旌門を立て、本人を表彰することで民衆教化を図る政策である。特に『東新』は、壬辰丁酉倭乱の人物を中心に、しかしそれだけにとどまらず、新羅など朝鮮三国や高麗、倭乱前の朝鮮国の人物までも収録した。「新忠」のほかに「新続孝子図」「新続烈女図」「続附」があり、「新忠」は、書名どおり忠道徳に適う行動をした人物が収録された。「続附」は既刊の行実図の忠孝烈朝鮮事例だけをまとめ直したものである。そして、「新忠」に収められた忠臣の基準は「隠すところの無い心による君主への愛が金石よりも固く、国を知り己を知らぬ」（『東新』「跋文」）ことであるという。これに適った実際の記事がどのようなものなのかは、本文で御覧頂きたい。

2 〈行実図〉の出現とその背景

本書の最も基本的な資料である「新続忠臣図」がどのような書物なのかを理解するために、まずは行実図という書物の類型を知る必要がある。というのは、前述したとおり、この「新続忠臣図」自体が〈行実図〉の一つ、『東新』の一部だからである。

そもそも〈行実図〉とは、一四三四（朝鮮世宗一六）年に朝鮮国（一三九二―一九一〇、ただし一八九七―一九一〇における国号は大韓帝国）にて刊行・頒布された一連の儒教道徳教化書群である。その嚆矢となる初刊『三綱行実図』[3]は、朝鮮国第四代国王の世宗（在位一四一九―一四五〇）の命で作られた。世宗は、ハングル（訓民正音）を創製した王で、韓国では一万ウォン紙幣に肖像画が刷られ、また、ＩＴＦテコンドーでは型（トゥル）の名前にもなっているほど、名君として認知度が高い。このように、行実図は王の命により撰述された、官撰教化書のシリーズなのである。

撰述のきっかけは、第四代国王に当たる世宗の一〇年に起こった金禾の実父殺人事件である。晋州（現在の慶尚南道晋州市）の金禾《キムファ》という者が実の父親を殺したと一四二八（世宗一〇）年九月に上奏され、凌遅処死《りょうちしょし》の刑（四肢と頭を体から切断する死刑）に処される。[4] そしてその翌月にはこの事件の再発を防ぐ目的で、前王朝である高麗末に刊行されていた孝行説話集『孝行録』を頒布するよう下命したもの[5]の、最終的に刊行されたのは、孝だけを扱った『孝行録』ではなく、孝のほかに忠と烈（貞烈）の二徳を加えた三綱[6]をテーマとする初刊『三綱行実図』であった。これには一張の右半分に絵図、左半分に漢文で絵図のストーリーを記した本文だけが載せられている。そして、第九代国王成宗が世宗初刊本から約三分の一に記事を絞って再編し諺解文つまり当時のハングル訳文を付した刪定諺解本『三綱行実図』（一四九〇／成宗二一年）を刊行。この刪定諺解本『三綱行実図』がその後何度も刊行され、韓国においては『三綱行実図』といえばこれを指す様になった。

3 〈行実図〉の展開と旌表政策

『三綱行実図』は、初刊本・刪定諺解本《さんていげんかいぼん》ともに、時代こそ古代から刊行当時に近い時代までの人物記事を載せるものの、そのソースは中国事例が大半で朝鮮事例は六分の一程に過ぎない。また、どちらも同時代や近過去のそれが無いわけではないものの、基本的には中国の『史記』や朝鮮の『三国史記』などの古典を典拠とした記事が主であった。それが、続編の『続三綱行実図』（一五一四／中宗九年）では明国と朝鮮国の事例のみとなり、中朝の比率も逆転、更に宣祖代には一記事ながら朝鮮事例の増補もされた。そして、光海君の『東新』（一六一七／光海九年）に至ると朝鮮事例のみ、時代的には朝鮮古典の記事からも採られたうえ、既刊の〈三綱行実図〉群の朝鮮記事まで再録された。

同時代の朝鮮事例は、旌表《しょうひょう》政策の記録から採られた。旌表政策とは、儒教道徳的善行（以下、徳行）の実践者を表彰してその徳行の普及を図る朝鮮王朝の民衆教化政策の一種で、表彰された者は褒賞され、その家や集落の前には旌門と呼ばれる赤い門が建てられた。[7] この表彰者の徳行が〈行実図〉に掲載されたわけである。

しかし、このような朝鮮事例への傾倒は、恐らく前述のクーデター、仁祖反正が影響し、ここで終わってしまう。

仁祖反正後の朝鮮国では、刪定諺解本『三綱行実図』や、増補版『続三綱行実図』、及び、やはり中宗の命で刊行された全てが中国事例の『二倫行実図』（一五一八／中宗一三年）が幾度か重刊されたのち、正祖により諺解刪定本『三綱行実図』と『二倫行実図』が合本されて（ただし三綱部分には若干の除外記事がある）『五倫行実図』が製作されるに至る。[8] 結果、『五倫行実図』は朝鮮国の人々を読者とする書物であるのに朝鮮事例がごく僅かになってしまう。つまり、『東新』は〈行実図〉の朝鮮化系統の終着点であり、『五倫行実図』とは別の展開系統であったわけである。よって、明・後金の両方と距離を取ろうとした光海君の朝鮮国に対する考え方が表現されていると解釈できる。と同時に、仁祖反正が無ければ〈行実図〉は現在と異なる展開をしていた可能性があることも指摘しておこう。

4　『東国新続三綱行実図』における「新続忠臣図」

以上が、『東新』の〈行実図〉としての背景であり、それは『東新』の一巻である「新忠」にも当然共有されている。そこで、如上の背景を持つ「新忠」の内容や、その『東新』全体における位置づけを、書誌的な側面から確認する。

『東新』は、大きさが三七・八センチ×二五・四センチ。全一八巻一八冊である。[9] これは、既刊の『三綱行実図』が三巻三冊、『続三綱行実図』が三巻一冊であるのとは比べ物にならないボリュームと言える。構成は、第一巻から第一七巻までが『東新』編纂過程で新たに作成されたとされる新続部、第一八巻が既刊〈三綱行実図〉群の朝鮮事例だけを集めて再編した続附部であり、「新忠」は新続部の第九巻である。なお、第一巻から第八巻までは「新続孝子図」、第一〇巻から第一七巻までは「新続烈女図」がそれぞれ配された。

記事数では、『東新』全体で一五八七、うち「新忠」が九〇例ある。内訳は、倭乱事例が五六、それ以前のものが三四例で、孝子や烈女よりも倭乱事例の比率が低い。[10] 原因は、李睟光『芝峰類説』で嘆きつつ指摘された。

●壬辰倭乱では、節を守って死んだ婦女が至って多く、記録しきれないほどである。そして孝子がこれに次ぐ。忠臣は更にその次なのだが、明らかに優れ称賛されるべき者はやはり幾らもいない。ああ、士大夫らは日ごろ読書して事物の道理を講じ、自身を一人前の男だと誰もが言うのに、危難に臨んで命を投げ出すのは、むしろ婦人に及ばなかった。厚顔無恥ではないか（『芝峯類説』巻一五、一六オ）。

要するに、忠が軽視されたからではなく、そもそも忠道徳の表彰対象者が少なかったのである。つまり、国や王への忠誠を持つ者が希少であり、これは為政者にとって喫緊の問題であった。そこで『東新』では倭乱以前の事例が載せられてこれが克服されたわけだが、なぜここまでせねばならなかったのであろうか。

5　壬辰丁酉倭乱と宣祖

そこで、倭乱記事の背景となる壬辰丁酉倭乱《じんしんていゆう》を概観しよう。ここでは、正史『朝鮮王朝実録』や朝鮮野史の集大成、李肯翊《イグンイク》（一七三六－一八〇六）の『燃藜室記述《ねんれいしつきじゅつ》』に拠って「新忠」に描かれた倭乱の表現に努めたい[11]。

倭乱についての記述は、朝鮮国明宗代の末年（一五六七年頃）の南師古[12]による予言から始まる。曰く、「（倭乱が）辰年に起これば（国は）助かるが巳年に起これば助からない」と。一五八七年には全羅道地方に倭賊が襲来。これに対し鹿島万戸の李大元《イデウォン》[13]が損竹島で迎え撃って戦死した。二年後、漢城の朝廷では、日本の豊臣政権からの使者として訪れた対馬の宗義智一行に対し、この損竹島の件で倭賊を誘い入れた沙火同なる朝鮮の民を送還するよう言ったところ、年内に送られ、翌年三月には処刑。そこでようやく宗義智らの要請に応じて通信使を遣わした。同年一一月に通信使が京都で会うも、秀吉には「恭順を示しに来た使節」と解される。後日、堺へ移ったのちに渡された国書も「征明嚮導《せいみんきょうどう》（明を征服するので先導せよ）」と書かれた、受け入れ難いものであったという。翌一五九一年に帰国した使者は国王宣祖に秀吉の様を報告したものの、「目は鼠のようで恐るるに足りず[14]」と評した金誠一の属する党派「東人」の見解が採られたため、日本への警戒が強まる道理は無かった。

一五九二（宣祖二五）年四月一三日、釜山鎮侵攻で倭乱の火蓋が切られた。この年が干支で壬辰年であるため、壬辰倭乱という。南師古のいう辰年に勃発したわけである。釜山鎮が陥落した翌日にはすぐ近くの東莱城も攻め落とされ、宋象賢《ソンサンヒョン》が戦死。この戦争で朝鮮国は、まず小西行長軍により敗戦を喫し、その後も小西軍・加藤清正軍などとの衝突による敗戦が重なる。一四日後には忠清道忠州の弾琴台で朝鮮軍が敗れ、金汝岉《キムヨムル》が死亡した。この敗報を受けて二日後の二九日の夜には宮殿の衛士も尽く逃亡。そして翌三〇日の明け方、大雨の中で当時の朝鮮国王、宣祖《ソンジョ》が文官等一〇〇人を連れて漢城（現在のソウル）を脱してしまった[15]。宣祖一行が去る際、王宮の景福宮で「無礼之徒」に宝物を掠奪され[16]、奴婢文書を狙った乱民に掌隷院と刑曹の二部署を焼き討ちされた。その後も、開城では宣祖が石を投げられ、大同江のほとりでは怒り心頭の吏民に大臣らが「日ごろ国禄を盗み、ここまで国事を誤らせた」と罵倒されている。更に、国王不在の王都漢城では秀吉軍の統治下で民衆が生活するようになり、「倭人封朝鮮王之説」つまり「日本人が朝鮮の王になる」という言説が生まれて逃走中の一行にまで伝わるほど、宣祖の権威は失墜してしまう。その後も戦火は引き続き広がり、五月一八日に臨津江の岸での衝突で敗戦し、ここで劉克良《ユグンニャン》が死亡。六月五日には毛利吉成の軍が江原道の淮陽へ侵入し、金錬光《キムヨングァン》が倭兵に殺される。全羅道錦山では七月九日と八月一八日に日本軍を攻めた朝鮮側が二度とも反撃を受けて敗北し、七月に高敬命《コギョンミョン》父子やその部下らが、八月には趙憲《チョホン》が戦死した。九月の黄海道では、漢城を捨てて逃亡した宣祖に扈従していた李廷馣《イジョンアム》が延安城を守ったものの、翌一五九三年には南東の慶尚道にある晋州城が六月末頃に陥落して金千鎰《キムチョニル》と崔慶会《チェギョンフェ》が戦死している。なお、宣祖が漢城へ戻ったのはこの年の九月二九日であった。

その後、再び大きな戦が起こるのは一五九七年である[17]。この年の干支が丁酉であることから、特にこの再戦だけを指す場合は、丁酉倭乱または丁酉再乱という。八月一四日には慶尚道の黄石山城が落とされ、郭趪《クァクジュン》父子と趙宗《チョジョン》道《ド》が死んだ。翌一五日には、明の総兵官の職にある楊元《ヨウゲン》も駐留していた全羅道の南原城で衝突があり、楊元は逃走、鄭《チョン》期遠《ギウォン》・李《イ》福男《ボンナム》・任《イム》鉉《ヒョン》が戦死している。そして一五九八年一一月一七日、慶尚道の露梁津で李《イ》舜臣《スンシン》率いる朝鮮水軍が泗川から撤退してきた島津義弘らの軍と戦い、朝鮮は勝ちながらも李舜臣を失ってしまう。日本の軍勢が完全に撤退し、戦争が終結する僅か三日前のことである。

このように、「新忠」に描かれる壬辰丁酉倭乱は、決して網羅的ではない[18]。また、上述のとおり、倭乱記事じたいは全体の六割程度で、残り四割は倭乱以前の朝鮮、とくに新羅・百済・高句麗の朝鮮三国と、高麗の記事なのである。これは、「新忠」において壬辰丁酉倭乱を単独の事象として描くことが目的とされていないことの証左と言えはしまいか。そこで次に、「新忠」を含む『東新』を編纂するよう命じた光海君に注目して考えたい。

6　壬辰丁酉倭乱と光海君

既に述べたとおり、「新忠」そして『東新』は光海君の命で編纂された。光海君による新たな行実図の編纂は、行実図の歴史上、世宗・中宗に続く第三の新たな〈三綱行実図〉[19]の作成と言える。しかも全一八巻、朝鮮古代から倭乱までを描き、既刊三綱行実図の朝鮮事例全ても再録という、いわば〈三綱行実図〉の集大成という側面を持つ。では、このような〈三綱行実図〉の編纂を実現した光海君とは、どのような人物だったのであろうか。ここでは、倭乱との関連や『東新』編纂との関連を中心に紹介したい。

光海君（生没年は一五七五―一六四一、在位は一六〇八―一六二三）は諱を李琿と言い、第一四代朝鮮国王宣祖の次男で庶子。一七歳頃に当たる一五九二年に壬辰倭乱が勃発し、同年四月二八日に王世子、つまり父、宣祖の後継者に封ぜられた。その宣祖が漢城から逃げる前日のことである。光海君は父の都落ち（「新忠」では西巡）に同行する。その後、戦禍や混乱を避けて朝鮮北方の平安道寧辺に着いた宣祖が朝廷の分割、つまり分朝を決めたことで、本来であれば宗廟社稷を奉じるという国王の役目も光海君が引き受けることになり、宣祖は更に北方の義州へと向かった。光海君は、「戦乱中には、東宮として、親しく艱苦を嘗め、且つ偉功を樹て[20]」ることで、事実上の王として、しかし名義上はまだ王にあらざる者として、倭乱中の朝鮮を治めていたのである。

具体的には、一五九二年の六月から一二月までの間、平安・咸鏡・江原・黄海といった朝鮮北部を転々としての人心収攬や、義兵集め・将兵督励・糧秣調達といった戦闘支援活動を、王としてのプライドを打ち砕かれ、自身の立場が危うくなるたびに譲位の意向をほのめかす宣祖に代わって、光海君が行っていた。例えば、義兵将の金千鎰から受けた義兵活動報告の返事として抗戦を督励する檄文を送ったり、吏曹参議の李廷馣に黄海道の延安城の死守を命じたりする、などである。

そもそも「王朝国家において朝廷とは士庶を問わず民衆が忠誠を捧げる対象にして求心点[21]」であるのに王都を棄てて逃げたことで、宣祖一行は道中で石を投げつけられるほど、朝鮮国朝廷の権威を失墜させてしまっていた。こうした宣祖からのしわ寄せに対し、先ほど述べた分朝としての活躍が功を奏する。その存在が確かだと顕示されたことで乱れた民心も収まり始め、光海君を新たな「求心点」とした、壬辰丁酉倭乱に対する朝鮮国の抗戦態度が固まり、国王や朝廷の権威はある程度回復したと言えよう。

しかし、光海君による朝鮮国王の権威回復は、倭乱終結と同時に終わったわけではない。即位後も、国内外の情勢を鑑みて朝鮮国を立て直さねばならなかった。外政面では、倭乱で明の援軍を得たために朝鮮は「再造之恩」つまり、滅びかかった朝鮮を救ってくれた恩義から明をより重視するようになった。しかし、現実として、一六〇八年頃に台頭したヌルハチが後金（後の清）を建て、やがて明と衝突するようになると、「明清間の中立によって『保国』の道をとるか、明の「再造の恩」に報いるための『名分』をとるか、その選択を迫られ[22]」、前者を選ぶことになる。

「新続忠臣図」

これが後に「崇明排清」を唱える臣僚らによる廃位クーデター（仁祖反正）を招いてしまう。

一方、内政では、国家体制の再整備や焼き討ちされた王宮の再建築、経済の復興といった難問を解決しつつ、国王の権威も引き続き回復させねばならなかった。これに貢献し、また国家事業として注力されたのが、書籍出版である。初代国王の李成桂とその五代祖の功績を謳うことで朝鮮国開国の正当性を叙述した『龍飛御天歌』や朝鮮全土を網羅した地誌『新増東国輿地勝覧』などの再刊、そして儒教道徳教化書『東新』の編纂と発行である。

「新忠」は、このような『東新』の一部として作られる。内に王威凋落、外に明清衝突という、朝鮮国の国体が問われる状況で、倭乱の忠臣を、それ以前の時代の忠臣たちに続けて描いた。古代から描写される倭乱はどのような戦争像なのか、朝鮮古代から倭乱前朝鮮の人物やその舞台としての時代は、倭乱を描くうえでどのような効果を発揮しているのか。本書では後者を中心に述べつつ、『東新』で表現された倭乱のイメージを明らかにし、同時に「なぜ」についても少々瞥見を加えたい。

二　倭乱以前の忠臣たち――朝鮮三国・高麗・倭乱前朝鮮国

「新忠」を開くと、まず目に入るのが目録（目次）である。目録は全三張で、まず国名、次いで人名が書かれ、国が変わればまた新たに国名、人名……、と続く。朝鮮国は本国と書かれ、目録上では倭乱前後という区別はされない。本国の人名のほとんどに役職や身分などが記されるのに対し[23]、本節で紹介される朝鮮三国（新羅・百済・高句麗）や高麗の人物については逆に大部分が人名のみで、特に朝鮮三国の人物には全く役職が書かれない。このように、倭乱前の朝鮮を含む本国人と、朝鮮三国および高麗の人物とには、目録上の表記において違いがある。

しかし、目録の体裁を他の行実図各書と比較した際、実はこれが『東新』独特の特徴であることが分かる。『東新』

以外の各行実図の目録はいずれも記事のタイトルが書かれているからである。[24]『東新』のこの特徴は、他の各行実図に比べて人物自体をより注視している態度を表しているものと考えられよう。

このような視座のもとに列挙された倭乱以前の人物は全三四記事・三五人。記事数と人数が一致しないのは、人物二人を取り上げる記事が一つあるためである。内訳は、朝鮮三国が一四、高麗が一七、倭乱前朝鮮国が三である。したがい、倭乱以前の人物の、そしてその活躍の舞台として描かれた時代の比重は、朝鮮三国と高麗が概ね同程度にして、この二つが大部分を占めることになる。当代人にとって遠過去に当たる、朝鮮三国・高麗と倭乱前朝鮮国の人物像およびストーリーがどのように表現されているか、関心を抱かせるところであろう。

そこで、次項からは構成に従って倭乱以前の時期を、朝鮮三国・高麗・倭乱前朝鮮国の順に追い、それぞれで描かれている朝鮮の様相の描出に努めたい。

1　朝鮮三国の忠臣たち――新羅・百済・高句麗

日本で三国時代と言えば、中国のそれが思い浮かぶであろう。たとえば、Google や Yahoo! Japan といった日本語サーチエンジンで検索した際、冒頭に現れないほうが稀である。しかし、韓国で三国時代と言えば、新羅・百済・高句麗の三国が朝鮮半島で覇権争いをしていた時代を指すのが普通であり、韓国のサーチエンジンである NAVER や Daum などで検索しても、魏・呉・蜀の三国時代でなく、新羅・百済・高句麗の三国時代がトップに上がる。そこで本書では、この混乱を避けるために朝鮮半島の新羅・百済・高句麗の三国を朝鮮三国、この三国が衝突し新羅が朝鮮を統一するまでの時代を朝鮮三国時代と称する。

「新忠」では、この朝鮮三国のうちの新羅から始まる。人物の生存年代では、冒頭で始まる新羅の温君解（未詳―六四八／新羅真徳王二年）よりも朝鮮三国の部の最後、一四番目に配された高句麗の密友《ミルウ》と紐由《ユユ》（両者とも、生年未詳―

二四六頃／高句麗東川王二〇年頃）のほうが約四〇〇年も遡る。全一四個の記事全体を通して見ても、必ずしも年代順に配置されているわけではない。出来事の関連性によるものでもなさそうである。ただ、三国の記事数が、新羅一〇・百済二・高句麗二であることから、新羅が主であるとは考えられる。

そのため本項では、以上の特徴や記事の内容を考慮して記事を以下の四つに整理し、「新忠」の内容が分かりやすくなるよう図った。すなわち、

（1）新羅と百済の戦い
（2）新羅と高句麗の戦い
（3）新羅と百済の文臣たち
（4）朝鮮と外勢の戦い

の四つである。これらを、努めて「新忠」の掲載順に従って進め、そこで活躍する忠臣たちを紹介したい。

（1）新羅と百済の戦い

実際の朝鮮史では、まず百済が、次いで高句麗が滅亡し、新羅が朝鮮半島を統一する。[25] その後は統一新羅時代が続き、新羅滅亡後は高麗時代となる。

ところで、「新忠」においては、金庾信[26]とともに新羅の朝鮮統一を導いた第二九代国王の太宗武烈王（金春秋、六〇二―六六一、在位は六五四―六六一）が即位する少し前の、したがってまだ朝鮮三国鼎立の末期の、この人物が冒頭

を飾る。

●温君解《オングネ》は慶州府の人である。当時は伊飡《いさん》の位にあった新羅の武烈王が唐へ行ってきた帰りに海上で高句麗の邏に遭遇した。温君解が立派な衣と冠を身につけて船上に坐っていたので、武烈王と判断され、邏兵《らへい》に殺される。しかし、武烈王は小船に乗っていたので危機を免れたのだった。そこで、王は温君解に大阿飡《だいあさん》の位を贈り、子孫には厚く褒賞を与えたのである。（第一張、「君解代死」）

温君解という者が従者[27]として、後に太宗武烈王となる金春秋とともに、百済との戦いのため唐へ援軍派兵を求めに行った帰りの道中での話[28]。描かれる温君解の敵が高句麗兵であるにもかかわらず、新羅と百済との戦いに本記事を含めた所以でもある。援軍を得るために入唐し、引き換えに金春秋の息子を人質に置き、諸制度を「中華制」つまり唐の制度に従うことを約した帰途、高句麗の巡回兵に遭ってしまう。こうした事態を見越していたのか、金春秋の衣冠を纏っていた温君解が代わりに殺された。このおかげで小船に乗っていた金春秋は無事に帰国できたわけである。つまり、王の身代わりになって死んだ忠臣であった。

唐への服属を約すまで、新羅は独自の年号を用いていた。それが、この二年後までには唐の衣冠を身に着け、唐の元号を用いるようになった。見方によっては、金春秋が唐皇帝（当時は太宗）に服従を誓約したこの時が、朝鮮と中国の関係を規定した瞬間だと言えまいか。そこで光海君は、実際にはより早い時期の他の人物に先立って温君解の事件を冒頭に置いたのかも知れない。

このようにして、新羅は百済との戦いの準備を整えた。そして、六六〇（新羅武烈王七）年、既に交わした盟約により唐（皇帝は高宗）は援軍を送り、新羅・唐連合軍と百済との戦いの火蓋が切って落とされる。この衝突を黄山伐の戦い(29)という。

「新忠」ではこの戦いが、新羅の官昌《クァンチャン》（六四五―六六〇）と百済の階伯《ケベク》（未詳―六六〇）という二人の人物の記事によって描かれている。ここでは「新忠」の配列および時系列に従い、はじめに官昌を、次いで階伯を紹介しよう。

●官昌は慶州府の人で、将軍職にある品日の息子である。太宗武烈王の治世時に出陣し、唐の兵士らとともに百済を攻撃した。官昌は副将であったが、品日の「お前は年若くとも志気は十分である。今日が功名を立てるときであるぞ」という言葉に「はい」と答えると、馬に乗って槍を小脇に抱え、一直線に敵陣へ突撃して数人を殺したものの、百済人に捕まってしまう。元帥の階伯は、官昌が若くして勇ある者であることを愛おしみ、これを釈放した。（自陣に戻った）官昌は「さっきは賊（百済）の陣に入りながら将を討つことも旗を取ることもできず、心底悔しい」と言って井戸の水を掬《すく》って飲み、再び敵陣へと突撃する。しかし、階伯に捕まり、（首を）斬られて殺されたのだった。（第八張、「官昌突陣」）

この戦いで百済の元帥(30)の階伯に二度捕まったのち斬首された若き官昌が主人公である。命を懸けて戦う力戦行為が評価され、忠臣の一人として載せられた。力戦行為は「新忠」で最も多い忠行為(31)であり、あるいはこの記事を朝鮮国の人々が読めば、自ずと官昌が花郎《ファラン》（新羅における貴族子弟修練団隊のリーダー的存在）だと思い浮かぶのだろうか。(32)

この年端のゆかぬ新羅の副将と、生年未詳ではあるものの絵図から察するに中壮年程度の百済の将師との対立は、分かりやすい敵対関係である。そして、将軍である父に功を立てるよう促されて唯々諾々と敵陣へ攻める従順さや何人かは討ち取れるだけの武勇、そのうえ敵の情けを受けて一度は助けられたにもかかわらず、その同じ相手に再度向かっていく強靭な精神。これらを兼備した官昌の像が、読む者に国への忠を訴求するのである。

ではここで目を転じ、階伯の記事を挙げる。

●階伯は扶余県の人。百済に仕えて達率（百済で第二品の官職）となる。唐の蘇定方が新羅軍とともに来襲してきたので、階伯は将軍として黄山之野（黄山伐）に至り、三つの陣営を設けた。戦が始まろうとするとき、全兵士にこう誓った。「昔、（越の）勾践は五〇〇〇の兵で七〇万の軍を破った。今日は各々が奮励して勝利し、国恩に報いよう」と。ついに戦いが始まったが、皆が一騎当千の戦いぶりで敵を大勢殺したので、新羅兵は退却した。こうした進退を四度経た後、敵の力に屈し、死んだ。（第一二張、「階伯鏖戦」）

蘇定方（五九二―六六七）が率いてきた唐軍は、上でも述べた、武烈王の一二年前の要請に応えた派兵軍である。この唐・新羅連合軍が百済に押し寄せた際、階伯は将軍として、越王勾践の故事を持ち出して兵士らの報国の心を鼓舞している。これが功を奏して百済軍はかなりの善戦をしたものの、四度の衝突の後に階伯は戦死し、この戦いを含む唐・新羅連合との戦争で百済は滅ぶ。そして、朝鮮三国の鼎立した時代が終わるのである。

（2）新羅と高句麗の戦い

新羅が朝鮮半島の中で覇権を争ったのは何も百済とだけではない。温君解の直接の敵として現れたように、高句麗とも衝突していたのは周知のとおり。官昌と階伯の戦いでもあった黄山伐の戦いが六六〇年三月に勃発、同年七月に百済が滅亡したことを受け、同盟国であった高句麗が新羅の七重城（現在の京畿道坡州市）を攻撃した。この戦いと七重城で散った忠臣を描く記事がこれである。

●匹夫《ピルブ》は積城県の人。新羅の武烈王の時代に県令となった。その後、高句麗兵が来襲して（城を）囲んだけれども、匹夫が二〇日余りも守って戦い抜いたので、高句麗勢は引き返そうとした。しかし、大奈麻（全一七位中一〇番目の等級）の北歃が人を遣って城内の食料が無く人も力尽きていると密告したせいで高句麗は攻撃を再開した。そこで匹夫は北歃の首を（斬ってそれを）城外に放り投げ、拳を奮って防戦したものの、全身を矢で射られて踵まで血まみれになり、死んでしまった。（第四張、「匹夫血戦」）

守城戦の一場面であり、匹夫の戦いぶりとすさまじい死に様が描かれている。これ自体は忠臣として理解しやすい事例であろう。この記事で注目したいのは、裏切り者の存在である。匹夫と同じく新羅人の北歃（『三国史記』では比歃）が、人を送って城内の窮状を高句麗陣営に伝え、再攻撃させた。それが匹夫に知られ、処刑されたわけである。「新忠」の一部の記事では、このように裏切り者もともに描かれることがある。つまり、忠臣と不忠者を対比することがあるのだが、そう描くことで、主人公の忠臣ぶりが際立つと同時に、悪例つまり不忠事例も示すことになる。匹夫の記事は忠臣と不忠者との対比構造を持つ「新忠」最初の事例であり、したがって北歃は「新忠」で初めて描かれた不忠事例であった。

新羅と高句麗の戦いを舞台とする記事は、他に新羅の罽頭《ゲドゥ》を主役とした「罽頭力闘《けいとうりきとう》」と、高句麗の温達《オンダル》が主人公の「温達誓衆」がある。この二つを含む「新忠」の朝鮮三国の記事になった人物はほぼ、一一四五年に書かれた『三国史記』の列伝でも立伝されているけれども、体裁の違いもあり、必ずしも内容が全く同一とは限らない。ただ、「罽頭力闘」と「温達誓衆」の二つは、「新忠」の、つまり『東新』編者の読ませようとする理想的忠臣像への書き換え方を知るのに有効であるので、まず「新忠」での内容を示したのち、『三国史記』に立伝された内容との違いを述べることで、いわば「新忠」における「忠臣像の作り方」を示したい。

●薛罽頭は慶州府の人。武徳四年（六二一年）に海船に乗って唐に入った。（その後、唐の）太宗が折よく高句麗征伐へ出ようとしているときに自薦して左武衛果毅（の職）になった。（その後、）遼東に至って高句麗人と駐蹕山の下で力戦して死亡する。太宗皇帝は御衣を脱いでその屍を覆い、大将軍の職を授けて礼を以て篤く葬ったのである。（第三張、「罽頭力闘」）

●温達は平壌府の人。陽岡王の下の娘[33]が自ら温達と婚姻を結んで妻となる。後周の武帝の遼東征伐では高句麗の先鋒として奮い立って戦い、大勝していたので、王は大兄の爵位を与えた。平岡王が即位すると温達は「新羅が我が漢北（漢江北部）の地を割って自身の郡県としています。願わくは、臣を不肖とせず兵をお与え下されば、必ず取り戻してまいります」と奏上したところ、王の許しを得た。出発の際には「鶏立峴・竹嶺以西を取り戻せなければ帰ってこない」と誓った。（その後、）新羅人と阿且城下で戦い、流れ矢に当たり死んでしまうのであった。（第一三張、「温達誓衆」）

この二人の記事は、敵国人と奮戦して戦死するという力戦行為の忠臣像を描くものである点で違わないものの、薛罽頭の駐蹕《ちゅうひつ》山下での戦いが六四五年、温達の阿且城での戦いが五九〇年と、時期が一致しない。ただ、この両記事は、忠臣像を作る工程が興味深く、また「新忠」の性質を理解するにも有用である。

たとえば、薛罽頭の記事は、より古い形と見られる『三国史記』巻四七「列伝第七」において、薛罽頭が唐へ行った理由を、新羅の骨品制（血縁関係に基づいた身分制度）により国内では才能や実績が評価されないからだとする。故国では身分制度に阻まれて真っ当に登用されないので「中華国」つまり唐へ行って立身出世を図ったわけである。

しかし、この部分が全て削られたため、ただ唐へ行き、偶然皇帝の目に入るという話に変えられた。反体制的態度と読める部分を無くした薛罽頭の伝が、唐の皇帝に仕えた新羅人の忠臣譚へと変貌したのである。

続いて温達の記事の場合、省略されたのは、やはり『三国史記』との比較になるけれども、その巻四五「列伝第五」で書かれた、陽岡王の娘と温達に関する、①二人が結婚するまでの経緯、②温達戦死後の妻の行動による超常現象の発生、という二つのエピソードである。そもそも、温達の話は、この両部分を含めて現代の韓国で「바보온달（バカ温達）」という昔話としてよく知られ、『三国史記』でも「愚温達」と記される。そこでは、①結婚前、温達は容貌や服装などが原因で「バカ温達」と呼ばれており、陽岡王の娘は幼い頃に「泣いていると温達に嫁がせるぞ」といつも父に言われていたので、その言葉どおり、成長後に自ら温達のところへ押し掛けて嫁ぐと、良妻として温達を支え、後周との戦いで大奮戦するまでに至らしめた。そして、②新羅との戦いで死んだ温達の棺が「鶏立峴・竹嶺以西を取り戻せなければ帰ってこない」という誓いどおり動かないので、妻となった娘が「死生は決しました。帰りましょう」と棺に声をかけてようやく動いた、とされる。昔話としては面白い要素だが、「新忠」の忠臣像には不要な内容だったのであろう、削られてしまった。

つまり、「新忠」は、出典など既存の同人物の記事内容と必ずしもそのまま収録したとは限らない。忠臣たる所以である忠をより際立たせるために、不要な内容を削ぎ落とすような操作が施されもした、ということである。ただ、特に温達の記事で削られた第二の部分で見られたような超常現象は、ただ超常現象だからという理由で避けられたわけではないので、この点を誤解してはならない。次でそれを確認しよう。

（3）「新羅と百済の文臣たち」

「新忠」では、これまで挙げた「力戦」型の忠臣事例、つまり武臣が多いけれども、これから紹介するのは、文臣である。まずは超常現象により自身の忠を実現した文臣の二記事、次いで文学で忠を貫いた者の記事である。

●金后稷《キムフジク》は慶州府の人。新羅の真平王が狩猟好きなのを厳しく諫めたものの、聞き入れられなかった。（その後、）いまわの際で息子に「私は臣として主君の悪を正して救うことができなかった。私が死んだら必ず王が狩りへ行く道の側に埋めよ」と言い残した。そこで、息子はこれに従った。他日、王が狩りへ行こうとしたとき、その道中で「王よ、行ってはなりませぬ」という声が聞こえてきた。王が振り返って従者に問うと「金后稷の墓（からの声）です」と言っていまわの際でのその言葉を伝えた。王はこっそりと涙を流し、（それからは）二度と狩りに出なくなったのである。人はこれを墓諫と言った。（第七張、「后稷墓諫」）

生前の諫めを聞かれなかった金后稷が、死後も王を諫められるよう、狩りの道中に自身の墓を作るよう遺言し、息子がそれに従った。死んでなお諫める金后稷の忠に心打たれた真平王(34)は、ようやく狩りを止める。

このように、超常現象が主人公の忠を強調する機能を果たしている場合、温達のそれと異なり必ずしも記事から特異な現象が消されるわけではない。要するに、「新忠」の訴求する忠に貢献できるかが問題なのである。

その意味では、次に紹介する百済の文臣事例も近いものがあろう。超常現象でなく特異な優秀さと見るべきであろうが、いずれにせよ常人では為しがたい行動であるので、ここで言及しておきたい。

●成忠《ソンチュン》は扶余県の人。百済の義慈王と宮人は、放蕩に明け暮れ酒に溺れる日々であった。佐平（百済の最高官位）の成忠は言葉を尽くして厳しく諫めたものの、王の怒りを買って囚われてしまう。成忠は死に際して次のように上書した。曰く「死しても主君のことは忘れませぬ。願わくは、一言申し上げて死ねればと存じます。臣が時勢を見て拝察いたしますに、必ず戦争が起こります。もし異国の兵が来ても炭峴を越えさせず白江に入らせないのが良いでしょう」と。果たして、唐・新羅連合軍が炭峴と白江を越え、勝ちに乗じて城まで迫った。そこで、王は「悔しいことに、成忠の言を用いなかったばかりにこうなってしまった」と嘆いた。（第一一張、「成忠上書」）

六五六（義慈王一六）年の出来事である。酒池肉林の生活に耽るばかりの義慈王（百済第三一代にして最後の国王。在位は六四一―六六〇）に対し、何度となく諌めてきたけれども、逆に王を怒らせてしまい、投獄されてしまった。そこで死に際に、異国の軍が攻めてきた時の対策を書き残したものの、顧みられなかった。この後、若干の経緯を経つつ、六六〇（義慈王二〇）年に百済は滅びた。

この成忠の上書について［林鍾旭　二〇〇九：七七七頁］では「予言」としている。であれば、成忠には未来予知能力が備わっていた、つまり金后稷の墓諫と同じく超常現象であったことになるのだが、そうではなく、卓越した洞察力で予見した可能性も考えられる。能力の種類はともあれ、人並外れた能力を持つ成忠が王に最後の忠言を残したにもかかわらず、それを聞き入れない王の愚行によって百済が滅びたという語りに違いは無い。

このように、「新忠」は、必ずしも超常現象それ自体やこれに類する飛びぬけた能力の描写を排除しているわけではない。主人公の忠が映えるのであれば、採用しているのである。

無論、文臣は腕力が弱く屈強でもないので超常現象や特殊能力でその忠を顕示するしか方法が無かった、というわけではない。文学で自身の忠義を詠うことにより、非義に屈しない態度を表明するという忠行為も行われた。

●実兮《シルヒェ》は慶州府の人で、大舎（一七位中一二位の官位）の純徳の息子。剛直で正しきを守り、物事をなおざりにしない性質である。王にへつらい気に入られていた珍堤がしばしば讒言していたので、流謫されることになった。ある人が「あなたは父祖の代からその忠誠が世に聞こえる（人物な）のに、今は佞臣のせいで竹嶺の外に遠ざけられる。どうして直言して自ら間違いを正さないのか」と聞いたので、実兮は「昔、屈原（中国の戦国時代の忠臣）はただ一人まっすぐな性格だったので退けられた。昔からこうなのに、なぜ（現状が）悲しむほどであろうか」と答えた。とうとう何も言わずに泠林へ行き、長歌[35]を作って自身の意を示した。（第五張、「實兮長歌」）

実兮は生没年未詳ながら、この故事を六三一年とする資料があるので[36]、今はこれに拠る。西暦六三一年は新羅真平王五三年、そして真平王薨去の前年に当たる。百済を滅ぼす三〇年ほど前の頃の文臣で、さほど高い身分ではない。武臣たちとはもちろん、先の金后稷や成忠とも異なる忠臣の型を、この実兮の記事は提示する。武臣らのように自ら命を懸けて戦うわけでも、金后稷や成忠のように死に際の決意からの（超常現象的）行動で王に諫言するわけでもない。匹夫に対する北歃と同じく、実兮には佞臣の珍堤が対立者として存在するものの、北歃と異なり珍堤が討たれるわけではなく、自身の意を込めた歌を残して去るのみだった。

このように、現政権の不正や新政権に阿《おもね》らず、また何も言わずひっそりと去ってつながりを断つ、いわば「隠遁」によって自身の忠を曲げずにいるのである。こうした忠行為は倭乱記事に見られないので、それ以前の人物の故事によって補ったのであろう。

（4）朝鮮と外勢の戦い

ところで、朝鮮三国の事例には外勢との戦いを描くものが少ない。既に見たとおり、「新忠」では新羅記事が主で、対外的な内容としては、高句麗・百済との戦い、そして唐との関係が取り上げられていた。高麗事例では外勢との戦いを扱うものが増えるのだが、朝鮮三国事例にも無いわけではない。まずは、新羅と靺鞨《まっかつ》との衝突の記事である。

●素那《ソナ》は稷山県の人。かつて阿達城に陣を構えていたとき、靺鞨軍が突然侵入した。素那は刃を奮って「汝らは知っているか、新羅に沈那《シムナ》の子、素那あることを。闘いたくば来い」と大きく叫んで立ち上がり、敵軍に突撃した。靺鞨らの矢が全身に刺さり、戦死する。後に素那の妻が哭いて言うに、「亡き人（素那）は、偉丈夫たる者は王事に死すべし、どうして床に臥して婦人の手に死ねようか、と生前は常に言っておりました。（ですから、夫は）このとき、その志に死んだのです」とのことであった。（第一〇張、「素那突賊」）

この記事では、父の沈那についてほぼ触れられない一方、妻の後日譚は素那の忠を際立たせるため残された。一方で、この記事には少し注意が要る。それは、他の資料では、この靺鞨（北方騎馬民族の一つ）の軍が唐・靺鞨連合軍の一部だと記録されているからである。『新唐書』の東夷列伝「新羅」の上元二年二月条や『三国史記』巻七の文武王一五年二月条によれば、この頃（六七五年）、唐は靺鞨とともに新羅遠征を行っており、文武王一五年九月二九日条では唐の李謹行率いる軍による、買肖城・阿達城・七重城の一連の戦いが記録されている。素那の守る阿達城へは靺鞨軍単独で行ったのかも知れないが、実際には唐・靺鞨連合軍の一部による進撃だったと見るべきである。しかし、「新忠」ではあくまでも靺鞨のみとの戦いとして記事にされた。

しかし、中国本土の国が全てこのように扱われたわけではない。

次に挙げる記事は、これまでの記事と次の高麗時代の記事をつなぐかのごとく朝鮮三国の部の最後に配置された、高句麗と魏との戦いを描くものである。

●密友《ミルウ》と紐由《ユユ》は義州府の人。東川王の時に魏の幽州刺史の毌丘倹が来襲し、丸都城を陥落させた。王は南沃沮へ逃げようとして竹嶺まで着いたところ、兵が皆去ってしまう。密友のみが王の側に残って決死の兵を募り、力戦したので王は南沃沮へ脱出できた。しかし、魏軍の追撃が止まなかったので、東部人の紐由が進み出てこう言った。「形勢は甚だ危うく切迫していますが、無駄死にすべきではありません。そこで、ねぎらいの者として魏軍へ行かせて頂ければと存じます」と。そして刀を食器に隠して進み、魏の将の前で刀を取って殺し、自身も死んだ。それで魏軍がとうとう混乱し、王は軍を率いてこれを追い払った。その後、王は国へ戻って論功し、密友と紐由（の戦功）を第一としたのである。（第一四張、「密紐救主」）

この故事の時代は、「新忠」で最も古い、二四六年頃である。ここで対峙したのは、『三国志』で有名なあの魏の軍であった。毌丘倹（未詳―二五五）は明帝の命を受けて高句麗征伐の任に就いた。魏との衝突で、高句麗国都の丸都城は陥落されたものの最終的に魏軍を追い出し、高句麗は国力を回復、密友と紐由は功績を評価される。

さて、「密紐救主」と「素那突賊」を列挙したのは、外勢の描写の違いを比較するためである。「密紐救主」では魏との衝突について、相手が魏であることを明示した。それに対して「素那突賊」では、実際には唐との衝突であるのに靺鞨のみとの戦いであるかのように表されている。唐との衝突を明示しないのは、本書一三頁の「君解代死」や一七頁の「罽頭力闘」で暗示された唐との関係のイメージを守るための操作なのだろうか。また、唐羅の関係を「君解代死」で「新忠」の冒頭に暗示しつつ、朝鮮三国時代の部の最後に、高句麗に追われた魏という最も古い時代の故事をなぜわざわざ配置したのか。どちらも編者の意図の現れに見え、興味深い構成と言えよう。

2　高麗の忠臣たち

（1）新羅から高麗へ——後三国時代

高麗（九一八—一三九二）は、初代国王の王建（高麗太祖。生没年は八七七—九四三。在位は九一八—九四三）によって興され、恭譲王（生没年は一三四五—一三九四。在位は一三八九—一三九二）が廃位されて国が替わるまでの四七四年間続いた。

高麗建国以前を少し振り返ると、百済と高句麗を滅ぼして朝鮮半島を統一した新羅ではあったものの、その後、六六九年頃から六七八年までの間は、それまで連合していた唐の勢力を除く期間であり、六七八年の唐の遠征断念で新羅の朝鮮統一が達成されたと見られる(37)。その後、統一新羅の時代が続き、九世紀末頃から後百済・後高句麗が建てられて後三国時代に入り、新羅は衰退していく。しかし、「新忠」に後三国時代の記事はほとんど収録されていない。既に王建が即位して高麗となった新国家と、後百済との戦いを描く次の記事が唯一である。

●申崇謙《シンスンギョム》は春川府の人。初めの名は能山《ヌンサン》で、成長するにつれ武勇が備わった。裴玄慶らとともに高麗太祖を推戴し、一等功臣の称号を賜る。そして、高麗太祖は後百済の甄萱《キョンフォン》とともに公山の桐藪《とうそう》において戦うものの、不利であった。甄萱の兵が太祖をとても迅速に囲んだので、崇謙は力戦し死亡した。太祖はこれを哀しんで壮節の諡号《しごう》を贈り、のち、太祖廟庭に配享した。（第一五張、「崇謙壮節」）

申崇謙は、高麗の開国に貢献した一人として、一等功臣に叙任せられた。開国功臣ともいう。功臣とは、「国家や王室のために功を立てた者に与えられた称号、またはその称号を授かった者」と定義される(38)。功臣の称号を授かった者が常に忠臣としても称えられるわけではなく、同様に忠臣として認められた者が功臣の称号を賜るとも限らない。両者の違いについて、「新忠」を読む限りでいうと、忠臣とはあくまでも心の持ちようの問題であると言える。少なくとも「新忠」に描かれる忠行為の行為者は、必ずしも功を立てた人物ばかりではないからである。ともあれ、「新忠」において申崇謙は功臣かつ忠臣であった。

申崇謙は、高麗開国後、対立国家であった後百済の甄萱との戦いで太祖王建が敵兵に囲まれた際、王を守りぬいて死亡した。申は死後、王建によって壮節の諡号を与えられ、更に王建の死後は主君の廟に自身の神位（位牌）が配置されるという栄誉に与《あずか》った。この二つが忠臣としての申崇謙への褒賞である。

主君の身代わりとなった温君解といい、主君を逃がすために戦死した申崇謙といい、この二人がそれぞれの時代の始まりであるというのは、編者の何かしらの意図を感じさせる。無論それは、「新忠」を通して編者が読者に教化しようとする忠のイメージである。これを伝えるために揃えられた高麗時代の記事は、申崇謙の記事も含めて分類すると、次のとおりとなる。

（1）新羅から高麗へ――後三国時代
（2）内憂――李資謙の乱
（3）外患――蒙古と倭
（4）王朝交替――王と文人

以下、この順で高麗の忠臣たちとその忠行為を紹介していく。朝鮮三国の忠臣と対比しながら、高麗の忠臣たちのストーリーをお読みいただければと思う。

（2）内憂――李資謙の乱

「新続忠臣図」

高麗時代の全一七記事を通覧すると、朝鮮三国時代のものには見られなかった類型を確認できる。それは、内乱を舞台とする人物の記事である。新羅・百済・高句麗の覇権争いはあくまでも国どうしの戦争であって内乱ではない。内乱とは「国内で起こる反乱」（『新字源』角川書店）、より具体的には「一国内において、政府の転覆を目的とする反政府勢力と政府側とによって行われる武力闘争」（『デジタル大辞泉』小学館）を言う。

「新忠」で高麗の内乱を取り上げた記事は全五例。内乱はそれぞれ、李資謙の乱・崔光秀の乱・畢玄甫の乱[39]・三別抄の乱[40]である。ただし、崔光秀の乱と畢玄甫の乱は一つの記事の中で同時に扱われている。また、三別抄の乱を扱った記事も一つしかない。したがって、内乱の記事の半数以上を占める李資謙の乱がここでは主となる。そこで、乱の名にもなっている李資謙の生涯を概観し、以て李資謙の乱がどのようなものだったのかを確認したい。

李資謙（未詳―一一二六）は、一一二二年に高麗一六代国王の睿宗が薨去すると、その妃であった自身の次女の息子（つまり外孫）を即位させた。これが高麗第一七代国王の仁宗（生没年は一一〇九―一一四六。在位は一一二二―一一四六）である。李は後に自身の誕生日を「仁寿節」と呼ばせ、自らを国王と異ならない「知軍国事」の職にあるとするほどの専横を極めた。そのため、孫でもある仁宗が一一二六年二月に兵を送って排除を試みるも失敗。逆に、王宮を焼き討ちし、王を自身の家に軟禁してしまう。このとき、李姓の者が王になるという「十八子図讖説《としんせつ》」（「十八子」は「李」を分解したもの）を信じ毒殺を図るものの、自身の四女（仁宗の妃）に知られ、失敗。同年五月には仁宗に寝返った部下の拓俊京の兵に捕まり、その後は霊光に流配されて、死亡した[41]。

このような李資謙の生涯のうち、一一二六年二月から五月に発生した一連の内乱が、「李資謙の乱」である。王を凌ごうとする専横ぶりや、自身の孫にして国王である仁宗毒殺の企て等、不忠の人物像として分かりやすい。

この乱を舞台に描かれた記事は三つ。人物も三名である。『高麗史節要』巻九に拠れば、三つの記事はいずれも一一二六年二月二六日に起こった出来事ということになる[42]。掲載順に従い、以下にまとめて記事を挙げよう。

●①同知枢密院事の金縝《キムジン》は江陵府の人。高麗仁宗の時代に科挙に及第した。その後、李資謙の乱で王宮が次々と焼けるのを目にし、「賊の手で死ぬくらいなら、自尽する」と嘆いて（自身のいた所の扉を閉め）火をつけ自ら死ぬ。乱が収まった後、その節義を嘉して烈直という諡号を贈られた。（第一六張、「金縝投火」）

●③高甫俊は高麗仁宗の（治世）時の人。李資謙が謀反をたくらみ、その一党の一人、朴永に高甫俊を追わせた。甫俊は高い崖に登り、朴永を罵って「李資謙らは権力をほしいままにして国を転覆させようとしているが、お前らは皆、それに諂《へつら》い仕えており、奴隷にも及ばない。義士たる者がどうして愚悪な奴の手で死ねようか」と言った後、天に叫んで岩から身を投じて死んだ。（第一七張、「甫俊投崖」）

●②洪灌は南陽府の人。李資謙の乱の際は尚書都省で宿直していた。乱が起こったのを聞いて「主が辱められれば臣は死す（ともその恥辱を雪ぐ）、というのに、どうして安んじておれようか」と言った。遂に（王宮に）入り王（仁宗）の側に控えていたが（李資謙と共に挙兵した）拓俊京に殺された。（第一八張、「洪灌衛主」）

右の、「新忠」における三記事のこの順番は、必ずしも時系列どおりになっていない。そこで、『高麗史節要』の記事による順番を丸番号で付した。この順に読めば、李資謙の乱の大まかな流れを理解できる。すなわち、①李資謙一党が王宮を焼き討ちし、それを目の当たりにした金縝が焼身自殺。②そのとき宿直していた洪灌が異変に気付いて王のもとへ行き、そこで拓俊京に殺される。③朴永に追われた高甫俊が高い崖に追い詰められ、李資謙一党を罵ったのち投身自殺、という流れになる。既に見てきたとおり、「新忠」の記事配置は必ずしも時間軸に沿っているわけではない。ただ、この李資謙の乱の三記事については、不自然さが無くもない。

そこで、『高麗史節要』の記述と照らし合わせたところ、洪灌のとった行動が「新忠」と一致しないものであった。同書では「洪灌は老いて病気であったので移動することができず、最後に西華門の外に着いたところで拓俊京が（兵に）殺させた」とある。紀伝体の高麗の正史『高麗史』巻一二一、列伝巻三四「洪灌」でも若干の違い[43]はあるものの、死に方に違いはない。ところが「新忠」では、洪灌が仁宗の側に控えたまま、拓俊京に殺されたという書き方をしている。

この違いの原因について、まずは洪灌の記事に付されたタイトルと諺解文《げんかいぶん》（古ハングル訳文）から検討する。タイトルは「洪灌衛主」つまり「洪灌、主君を衛る」である。これは、『高麗史節要』や『高麗史』の記述からは少々読み取りにくい。一方、「新忠」でも、例えば温君解や申崇謙のような、王を守る行動が具体的に描かれているわけでもない。単に、「王の側に控えていた」ことと「拓俊京に殺された」ことが続けて書かれているだけである。そして、諺解文では「王の側に控えていたが、拓俊京の害するところとなる（왕의 겨틔 뫼셧더니 쳑쥰경의 해혼배 되다）」と、明らかに一文として解釈されている。よって、記事のボリュームを減らすための文章削減と考えるより、意図

「新続忠臣図」

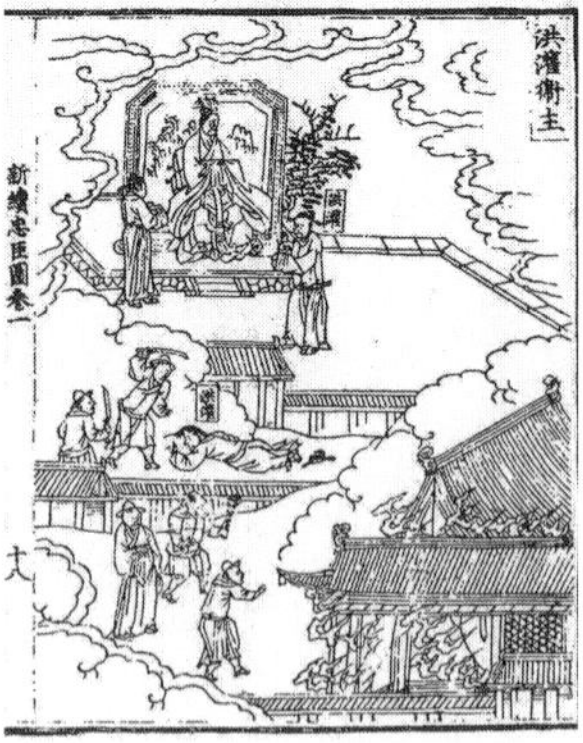

上より、図1「金鎮投火」図2「甫俊投崖」、図3「洪灌衛主」（世宗ハングル古典データベースより）

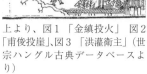

的なストーリー操作だと理解するほうが無理はない。

さらに、ここで〈行実図〉特有の絵図にも着目したい。〈行実図〉は、他の一般的な漢籍と同じく、一枚の紙を真ん中で折って両面刷りのような状態にし、これを複数枚綴じて作られる。そして、他の漢籍と同じく右に開いて読む。〈行実図〉では、その一枚（書葉という）で記事一つというのが原則であり、右半分にストーリーを異時同図法で整理し、右肩にタイトルを示した絵図を載せ、左半分に漢文本文を書く。諺解文は〈行実図〉それぞれで、有無自体が、或いはある場合でも記載位置が、異なる。したがい、〈行実図〉を読む場合、開いてまず目に入るのは、絵図である。これは、〈行実図〉が儒教道徳教化書という特性を持ち、しかも両班（士族）だけでなく一般民衆も読者として想定した書物であることを踏まえれば、確実に読ませるための構成であると言える。漢文の読めない者は諺解文を、諺解文も読めない者は絵図を見れば、ストーリーが理解できるからである。

この視点に立って李資謙の乱の三記事を絵図だけで漫画のように読み進めると（右頁の図参照）、①王宮が焼かれ、詰所らしき所で金縝が死亡。②一方その頃、高甫俊が李資謙の手の者に追われ、投身自殺。③燃える王宮の奥の間では洪灌が王の側に控え、その近くの門で殺害される、と理解できそうである。特に、③に描かれた仁宗の姿は威風堂々としたものであり、かつ、絵図の上半分を占める大きさなのでその側にいる洪灌も大きく、「最後の場面」に相応しい。そのため、李資謙の乱という王位簒奪を目論み宮殿を焼き討ちした大事件について、漢文本文では記述を曖昧にしつつ、実際にはタイトル・諺解文・絵図という本文以外の要素でストーリー操作を行って異なる三種の忠臣像および忠行為を示し、しかも王を守る行為で締め括ったのではないかと考えられる。

（3）外患――蒙古と倭寇

国家、つまり「一定の領土と国民と排他的な統治組織とをもつ政治共同体[44]」のことを現代の我々が単に「くに」

ともいうのは、「もともと自然の国土をさすことばであったが、弥生時代に入り各地に政治的支配が成立すると、その政権の支配領域を『くに』とよ」[45]ぶようになったからだという。つまり「くに」が「くに」であるためには、支配する領域とそこに住む人々、そしてそれらの統治者という三要素が基本的には不可欠ということになる。漢字語でない在来韓国語の「나라（ナラ）」も、この点に違いはない。したがい、この三要素のどれかが欠けたり他のものに替わったりすれば、「くに」としては別のものというわけである。先に見た李資謙の乱は王位簒奪、つまり、国の三要素のうちの統治者の座を奪おうとした事件であった。

それに対し、これから見ていく蒙古と倭寇は、支配領域や人民（の所有財産）を奪おうとした外部勢力である。蒙古は北から押し寄せ、一時期は高麗を従属させもした。一方、倭寇は朝鮮半島南部の沿岸部などを活動範囲として略奪や殺害を行っていた。

「新忠」で取り上げられた高麗の外患は蒙古と倭であるけれども、前者に関連する記事が多い。戦闘自体を扱った記事が五つ、内乱ではあるものの三別抄の乱を描いた「文鑑投水」、元に侵攻された南宋から亡命して瑞山郡に定着した宋人の子孫の事績を紹介する「臣保渡海」のような、元の侵攻が直接的な背景になっている記事を含めれば七つにもなる。これは、高麗事例全一七例の半分に少々手が届かない程度の量である。

高麗と蒙古の関係を考えればこの量は驚くに当たらない。中学校の歴史教科書でも元寇が扱われ、そこで高麗軍を率いた元軍といった言及もあるほど[46]、我々にも周知のことだからである。ただ、編者である光海君とその時代の東アジア情勢を踏まえると、かつての高麗・南宋・元を叙述することで、当代の朝鮮国・明・後金（清）の関係を暗喩した可能性がある。

さておき、後に朝鮮半島を掌中に収めた元との戦いで活躍した忠臣たちの姿は、読者への訴求力も期待できよう。こうした場面のうち、李資謙の乱と同じく三つの記事で表現された衝突として、鉄州城の戦いが挙げられる。すなわち、「文大守義」「希勣自刎」「元禎投火」であり、主人公はそれぞれ、文大・李希勣・李元禎である。ただ、鉄州城の三記事は、連続して載せられたわけでもなく、王の姿も描かれない。同じ戦闘を二回読むことによる反復で印象が多少強められるとしても、直前に李資謙の乱の三記事があるため、その効果は限定されそうである。

その意味では、たとえ一記事であっても以下の記事のほうが印象的であろう。

●崔椿命《チェチュンミョン》は慈山郡の人で、（慈州）副使である。蒙古兵がこの州を包囲したのに対し、固く守って降伏しないでいた。王（高麗高宗）が蒙古の将帥に詰責されるのを憂え、降伏するよう告諭するため人を遣ったものの、崔椿命は門を閉ざしてこれに応じなかった。（そこで今度は）淮安公王侹が大集成（という者）を遣って降伏を告諭してきたけれども、崔椿命は左右（の者）に命じてこれに射掛けてきたので、崔怡に譏訴した。崔怡が李百全を遣って崔椿命を斬首刑にしようとしたところ、蒙古人が「こいつは何者だ」と聞いた。李百全が「慈州の守令である」と答えたところ、蒙古人は「この者は、我々にとって命令に逆らう者でも、お前にとっては忠臣だ。私すら殺さぬのに、この城を守り通した忠臣をお前が殺すのは、どうなのか」と言って固請したので、釈放された。（第二五張、「椿命全城」）

この戦いは、慈州城の戦いという。一二三一（高麗高宗一八）年に蒙古軍が鴨緑江を越えて侵入し、鉄州城や慈州城など安州（現在の平安南道安州市）の城を次々と攻めた。これがモンゴルの第一次高麗侵攻であり、韓国でいう麗蒙戦争の開戦である。[47]

つまり、鉄州城や慈州城の戦いは元との長い抗戦の始まりなのであるけれども、崔椿命の記事に見える高宗は、既に蒙古の支配下に入っているような精神状態である。高麗国王が敵国の将帥からの詰責を厭うて自国の城を守る副使に対して降伏命令を送るなど、およそ国王として相応しい行為とは考えられない。次の、王族で淮安公に封じられている王侹が同じ目的で後軍陣主の大集成を送ったことも同様であるし、更にその大集成が矢を射掛けられた報復として武臣政権のトップであった崔怡（初名は崔瑀）に誣告して新たに李百全なる者を派遣させている。要するに、高麗の領土を守るために尽力している崔椿命は、領土とともに守るべきはずの統治者層自身から降伏の督促を再三されているわけである。

皮肉なことに、崔椿命を評価していたのは蒙古であった。自身の任務である慈州城の守備を全うし、その任務に反する者はたとえ誰であれ拒み通す。この場合、崔椿命の忠の対象は領土と人民ということになろうか。そして、実際に対峙し慈州城を陥落できなかった蒙古勢のほうが崔椿命の行動を評価し、忠臣だと称賛したのである。高麗の城を守る臣が王らによって排除されそうになりながら敵からは認められるという、ねじれのような現象が起こっていた。

果たして、崔椿命は釈放された。『高麗史』などによれば、その後、この忠行為により論功では第一とされ、枢密院副使の職を任じられた。一二五〇（高麗高宗三七）年に死没するも、子の恬も衛尉卿の官職を与えられている。ただ、崔椿命が「国土を守るも王命に従わず」だったことは否定できない。よって、この記事は、「国にとって統治者とは何か」を読者に考えさせる好個の材料と言えよう。

これに対し、亡国の臣を描いた記事が「臣保渡海」である。ルーツを中国浙江（現在の浙江省）に持つ帰化人、鄭臣保（生年未詳―一二六一）の故事で、その没年から見て「元の統一（原文では元混一）」とは一二六〇年のフビライ即位に伴うモンゴル勢力統合を指すものと見られる。

●鄭臣保《チョンシンボ》は瑞山郡の人。その祖先は浙江に住んでいた。臣保は宋末に仕官して刑部員外郎の職にまで上ったが、元の統一により臣保はその臣とならず、海を渡ってこの邑にやって来て、苦しい中でも節義を終身守り続けた。その子は襄烈公鄭仁卿である。父の志を受け継ぎ、一〇歳のときに山へ登って漢詩一首を岩に次のとおり記した。「いつの日か天下が整い、ふたたび趙氏の春が戻るだろうか（何日乾坤整、重回趙氏春）、云々」と。旌門された。（第二六張、「臣保渡海」）

南宋末期に官職に就いていた鄭臣保は元の臣になることを良しとせず、瑞山郡（現在の忠清南道瑞山市）へ亡命し、宋への忠節を全うする。その忠節はわずか一〇歳の子、鄭仁卿が継承し、漢詩に詠ったのであった。ただ、鄭臣保よりも子の鄭仁卿のほうが著名らしく、仁卿が『高麗史』に立伝されているのを確認できる。[48] しかし、そこに仁卿少年の文才は記されていない。通訳として有名だった過去もあるようだが、将軍となった実績を持ち、諡号も贈られていることから、武官としての評判が高かったようである。

鄭臣保渡来説については、一七世紀に入ってようやく、呉汝穏という進士の上疏に見る事ができる。[49] 内容は、李貴という者の讒言のために忠義を認められない鄭仁弘（一五三五―一六二三）を評価するように主張するものであり、血筋を引き合いに出したものと考えられる。仁弘の著述『来庵集』によると、臣保は仁弘の八代祖である。[50] 鄭仁弘自身には義兵を募った実績もあるのだが、実は『東新』編纂の都提調も務めている。[51] そこで、鄭臣保の渡来や仁卿の文才ぶりといった内容は家伝から入れられたのではないかという疑いが生じる。황의동（ファン＝イドン）氏によって、[52] 仁弘の家門である瑞山鄭氏の『家乗』以外に見られなかったと報告されたことも、これを支持するものと考えられる。つまり、鄭臣保の記事は、高麗の忠臣を顕彰する体裁を取りながら、実際には『東新』刊行当時に生きている人物の忠義評価を裏書きしていた可能性を指摘できよう。

2　倭乱以前の忠臣たち

一方、南側はどうだろうか。

倭寇[53]は、高麗における元直轄支配の終盤に当たる一四世紀から出現し、一六世紀まで活動していた。東アジアにおける大きな国際問題になったとされる。うち、一四世紀半ばから後半にかけて朝鮮半島や中国の沿岸部で掠奪等を行っていたのが前期倭寇、一六世紀半ばに中国沿岸部で密貿易等も行っていたのが後期倭寇と呼ばれる。「新忠」の高麗時代で外勢として描かれるのは、前者である。ただ、倭寇の記事は蒙古に比べて少なく、二例しかない。前述のとおり、高麗と元との関係を考えれば当然であるけれども、壬辰丁酉倭乱で敵対的存在が基本的には倭のみなので、倭乱前のパートでは倭との衝突の記事を少なくしている可能性もある。

二記事のうち、一つは南原府郷吏の梁瑞麟を主人公とした「瑞麟代死」という、府使を庇って死ぬという温君解以来の忠行為の記事である。ただ、これは正確な時期が明示されず、他の資料によっても特定できなかった。そこで、倭寇との海上戦を舞台とする「鄭沉投水《ていちんとうすい》」を以下に挙げる。この二つの記事はいずれも「東新」において倭の姿を描く最初の記事であり、後に続く倭乱の記事を見るためにもまずこれを見るのが有用と思われる。

●郷吏の鄭沉《チョンチム》は羅州の人。洪武四年（一三七一年）春に全羅道按廉使として済州の山川に祝文と幣帛を奉ずるよう命ぜられた。航海に出たところ、倭賊と遭遇したが、衆寡敵せず（と言えるほど倭が多かったの）で戦中の者全てが恐れ、倭賊を迎えて降伏することを話し合ったけれども、鄭沉だけは良しとしなかった。そこで意を決し、共に戦った。（鄭沉らが）射れば（倭に）当たって死ぬという状況だったので、倭は接近できなかった。しかし、（高麗側の）矢が尽きたので鄭沉は勝てないことを知り、冠帯を整えて端坐する。その様子に倭賊が驚いて「官人だ」と言い、互いに警戒して攻撃しなくなった。そして鄭沉は入水自殺したが、他の者はみな倭賊に降った。
（第二八張、「鄭沉投水」）

洪武四年は、高麗の恭愍王二〇年に当たる。恭愍王は高麗第三一代国王で、在位は一三五二年から一三七四までの約二三年間である。一三九二年に朝鮮王朝時代が始まるため、この時期は高麗末期となる。

ところで、鄭沉の記事には、他の記事と異なる二つの特徴がある。

一つは、個人文集を出典とすることである。原型は麗末鮮初の朱子学者、鄭道伝（号は三峯。一三四二―一三九八）の著した「鄭沉伝」であり、これは『三峯集』に収録されている。仏教批判文「仏氏雑弁」や朝鮮国初代国王の太祖李成桂に奉じた法典集「朝鮮経国典」も執筆しており、朱子学で世を治めようという意欲が窺える。

もう一つの特徴は、はじめの特徴とも関連するけれども、原典を加工した跡が残されている点である。これは、主人公やその忠行為を際立たせるために原文を加工するという「新忠」の方針によってトーンがかなり薄められながらも完全には消されなかったことを意味する。「他の者はみな倭賊に降った」という一文がそれである。原文では「死んだのは鄭沉のみで、鄭沉が不幸にして死んだこと自体は惜しまれつつも自決行為は愚かだと地域民に評された」とあり、これへの悲しみから執筆したという。つまりは高麗社会への批判であるが、「他の者はみな倭賊に降って生き残ったのに、と続くトーンの痕跡であった。三峯は、鄭沉の自決が愚行とされ、倭寇に遭遇すればすぐに降伏し、ある者は陸地の道案内まで行う高麗社会の風潮への批判を、鄭沉の記録を通して後世に伝えようとしたのである。同じ行為が倭乱期の民衆によっても行われていたために、編者の共感を得て、収録されたと考えられる。

図4　鄭沉投水（『東国新続三綱行實圖』忠臣図巻之一、大提閣より）

（4）王朝交替——王と文人

本書で扱う高麗の忠臣事例としては、これが最後となる。記事は一つしかないものの、新政権の国王と旧政権の忠臣の対峙を描いており、しかも主人公は武でなく文を以て「二君に事えず」を訴える。また、当代朝廷の王である朝鮮国王を図像化した記事としても興味深い。

●掌令の徐甄《ソギョン》は衿川《きんせん》県の人。我が康献大王（朝鮮国太祖）が都邑をお定めになったと聞き、次のような漢詩を作った。「千年の神都は漢江から隔たり、並み居る忠良の臣が明主を佐《たす》けたが、朝鮮三国を統一した功績はどこにあるのか。むしろ恨むらくは前朝の王業が長く続かなかったことだ」と。そこで、台諫が罪に問おうとしたけれども、康献大王が難色を示して「徐甄は高麗の臣として、今この詩を作った。思うに、徐甄は伯夷・叔斉の流れを汲む者なのだから、賞すべきであって罪すべきではない」とおっしゃったのである。（第二九張、「徐甄作詩」）

徐甄は、生没年未詳の人物で、一三六九（高麗恭愍王一八）年に文科及第し、一三九一（高麗恭譲王三）年に司憲掌令の職を任じられた。一三九二年に王朝交替が起こったので、徐甄が司憲掌令になるや否や高麗が滅んだことになる。そして、新たに朝鮮王朝を開いたのが、康献大王こと李成桂（在位は一三九二―一三九八）であった。

実は、高麗から朝鮮国への王朝交替が起こった際の最後の障害が「忠臣は二君に事《つか》えず」を謳う義理派であり、鄭夢周（一三三七―一三九二）を代表格とするこの派に徐甄も属した。一方、「鄭沉伝」を著した鄭道伝は政敵で、李成桂派であった。徐甄は鄭夢周らとともに李成桂派を弾劾するも、夢周が殺され、自身も流配されてしまう。その後は衿川に逃れ、再び表舞台に立つことは無かった。

なお、徐甄の没年自体は不明であるものの、後日、この漢詩の内容について問い糺《ただ》そうと請う臣下とそれを不問にした太宗（同第三代国王）の議論が『太宗実録』巻二三、太宗一二（一四一二年）五月一七日条にあるので、少なくともこの年までは存命だったようである。

ただ、この『太宗実録』の記事を読む限り、「新忠」の徐甄の記事には『東新』の方針が強く作用している。はっきり言えば、作為が施されていると判断せざるを得ない。まず、徐甄の漢詩において、「新忠」の「神都」は『太宗実録』で「新都」である。朝鮮王朝が開創された際に新たな王都として定められた漢城（現在のソウル）を指すので、時期的にも「新都」が本来であろう。そもそも、高麗の臣を自認する者が李成桂（派）の定めた都を「神都」と表記するとは考えにくい。これは、新と神が朝鮮語で同音であることを利用した書き換えであろう。なお、この書き換えは『東文選』を始め、後代の複数の文人の著述でも目にすることができる。

次に、記事では徐甄の処分を康献大王つまり朝鮮国太祖の李成桂が下したことになっているけれども、『太宗実録』の記述にあるとおり、本来は太宗のエピソードであったと見るほうが良さそうである。康献大王の台詞も状況も、全て『太宗実録』にその原型を見ることができる。徐甄を指して殷末の忠臣である伯夷と叔斉になぞらえたのは太宗であった。逆に、『太祖実録』で該当する記事は確認できない。

つまり、この記事は、太宗の徐甄への対応という史実を、漢詩を通して伝えられた徐甄の「二君に事えず」の意に対し、殷末の人物に譬えつつ許したという李成桂の、前朝の臣であってもその忠を称える王としての寛容さを表現した故事に書き換えられているわけである。

換言すれば、徐甄の忠を顕彰する記事としての体裁を取りつつ、実際には朝鮮国最初の王である李成桂の君徳を描いているのであった。

3　倭乱前朝鮮国の忠臣たち

「新忠」に載せられた朝鮮国の記事のほとんどは、壬辰丁酉倭乱の記事が占める。ただ、わずかながらも倭乱以

「新続忠臣図」

前の朝鮮国の人物を扱った記事も存在する。李施愛の乱で戦死した申泂《シンミョン》の「申泂罵賊」、二人の国王の死に際してそれぞれ喪に服した宋秀彦の「秀彦行素」、倭寇との衝突で戦死した李大源の「大源力戦」である。わずか三つではあるものの、これまでに示されてきた内乱・外勢が一つずつ、そして朝鮮国王の存在に直接触れる記事が一つという、いずれも種類の異なるものである。

ここでは、前二者を紹介したい。

●申泂は高霊県の人。成化丁亥の年（一四六七年）には観察使として府尹職も兼任していた。李施愛の一味が申泂を殺そうと謀《はか》り、兵を挙げて府の官衙を取り囲んだ。申泂は衝突が避けられないことを知ると、弓矢をとって城楼に登り、四人を射殺した。矢が尽きて弓を奪われ、折られてしまったので、賊を罵倒する。そして殺された。（第三二張、「申泂罵賊」）

この記事は、倭乱が勃発する以前、つまり朝鮮王朝時代前期において最も大きな内乱と言われる、李施愛の乱を舞台とする記事である。そして、「新忠」においては、主人公を裏切る者は引き続き出てくるにせよ、朝鮮の内乱としては最後を飾る。

李施愛の乱は、一四六七年に当たる朝鮮国第七代王の世祖の一三年に、朝鮮半島北部に位置する咸吉道の吉州（現在の北朝鮮の咸鏡北道吉州市）で勃発した。首謀者の李施愛（未詳—一四六七）は吉州出身の豪族で、朝鮮国の北方統治・防衛のため、代々吉州を治める任を負っていた。

しかし、世祖はこうした政策を変え、地方豪族の政治的地位を奪い、中央から派遣した官僚に取って代わらせようとした。李施愛は一四五八（世祖四）年に慶興鎮兵馬節制使となった後は慶興府使・僉知中枢院事などを経て、反乱当時は会寧節制使に至っている。『世祖実録』巻四二の記事によれば、一四六七年五月一六日、弟の李施合とともに中央から派遣されてきた康孝文を殺したことで乱が勃発した。

この乱を鎮圧する命を受けたのが申泂であった。咸吉道観察使として現地に赴き、任務を遂行しようとし、力戦もしたものの殺された。なお、任務を果たせなかったためか、倭乱前朝鮮国の記事で唯一、表彰されていない。

ちなみに、申泂は、日本への紀行録である『海東諸国紀』の著者、申叔舟《シンスクチュ》（一四一七―一四七五）を父とし、中宗の命で刊行された『続三綱行実図』の編者の一人、申用漑（一四六二―一五一九）を子に持つ。

ではここで、もう一つの記事に目を転じたい。

●郷吏の宋秀彦《ソンスオン》は松禾《しょうか》県の人。国喪に二度遭い、二度とも喪に服して（足掛け）三年ずっと生臭物を口にせず過ごした。昭敬大王の時代に旌門された。（第三三張、「秀彦行素」）

国喪は国恤《こくじゅつ》とも表記され、国王をはじめ、上王（先代王）・太上王（先々代王）・王世子（王位を継承する王子）・王世孫（王世子の長男）、及び、この五人の妃の喪礼をいう。宋秀彦は、二度の国喪でどちらも喪に服して肉や魚などを口にせず、それを三年続けた。なお、儒教でいう三年喪とは足掛け三年なので、実際には二五ヶ月である。

宋秀彦という人物については、「朝鮮後期の文臣、宋文述の曽祖父。本貫は鎮川、出身地は全羅北道全州[54]」とする指摘がある。この情報は韓国学中央研究院の提供する『韓国歴代人物総合情報システム』でも探し当てられる。ただ、たとえ事実であったとしても、この宋文述は生没年が一七四六―一八一三年で、第二一代王の英祖、および第二二代王の正祖に仕えた人物であるため、「新忠」にその七代祖である宋秀彦が採用された理由にはならない。したがい、『東新』編纂過程でこの人物が選ばれた根拠は今後の調査を俟《ま》つのみである。

図５　秀彦行素（『東国新続三綱行實圖』忠臣図巻之一、大提閣より）

ともあれ、重要なのは、朝鮮の国王またはそれに類する者の死が〈行実図〉の歴史上初めて描かれ、その喪に服することが忠行為として顕彰されたということである。『東新』以前の行実図各書に遡れば、主君の死それ自体は、自ら縊死した金の哀宗を埋葬した完顔絳山が入水自殺を図るという「絳山葬君」が初刊『三綱行実図』と刪定諺解『三綱行実図』に採録されているものの、国喪に服する行動が取り上げられたことは無かった。さらに、その実践者である宋秀彦を忠臣として表彰したのは昭敬大王こと宣祖である。したがい、この服喪行為を忠行為と認定したのも、〈行実図〉史においては宣祖が初めてということになる。なお、時期は特定させにくいものの、二つの国喪が王へのそれだとすれば、宣祖の前二代に当たる仁宗（一五四五年没）と明宗（一五六七年没）への国喪であるため、旌門は早くとも、喪の明けた一五七〇年前後、またはそれ以降と考えられる。

以上の観点から、誰の国喪かが実際には明示されておらずとも、本記事は〈行実図〉という朝鮮古典文学の一シリーズにおいて、画期的なものと言えよう。

三　倭乱の忠臣たち――壬辰倭乱と丁酉倭乱

ここからは、いよいよ倭乱を舞台とする記事が扱われる。主となる壬辰丁酉倭乱の記事は五六あり、「新忠」の約六割を占めるものの、その大半は第一次戦争に当たる壬辰倭乱、日本でいう文禄の役のものである。内訳は、壬辰倭乱が五〇、丁酉倭乱が六、のように見える。ところが、実際には壬辰倭乱の記事群の中に倭乱後の記事が含められているため、正確に計算すると、壬辰倭乱記事が四九、倭乱後記事が一、丁酉倭乱記事が六、となる。

しかし、先ほどの倭乱前朝鮮国の記事にも倭との戦いを描くものがある。それが、次に挙げる「大源力戦」であり、韓国では丁亥倭変と呼ばれている。

●万戸の李大源《イデウォン》は、水原府の人。丁亥年の春に鹿島万戸となる。倭寇を追撃して損竹島まで至り、そこで多くの倭を射殺した。ところが、水軍節度使の沈巖が援兵を隠して助けなかったので、李大源は矢が無くなり、力を尽くして戦うも、殺害されてしまう。そこで、昭敬大王は沈巖を斬首刑になさり、李大源の職位を追贈した。さらに、上朝（光海君）が旌門なさった。（第三四張、「大源力戦」）

第一節の5「壬辰丁酉倭乱と宣祖」で李大元と表記された人物を主人公とする記事である。丁亥年は西暦一五八七年で、朝鮮の宣祖二〇年、日本の天正一五年に当たる。元と源は朝鮮語で同音。テキストによってどちらの字が使われているかは異なるものの、同一人物である。『萬暦十一年癸未九月初三日別試榜目』という科挙の合格者リストに大源とあるので、「新忠」と同じく源字に従う。

李大源は、この榜目によると一五五三年（南九萬『薬泉集』巻一七、「全羅左水使李公神道碑銘」では一五六六年）生まれ。一五八三年に武科（武官の科挙）に合格した。しかし、四年後に戦死するという不運に見舞われる。

これは、上官に当たる水軍節度使の沈巖が窮地に立った李大源を助けなかったことが原因である。資料によって多少異なるものの、これ以前の戦闘を契機に李大源と沈巖の間に不和が生じていたという大筋は一致する。しかし、「新忠」では一切触れられないため、沈巖は李大源の窮状を傍観し、見捨てたと解釈されやすい。そして、李大源には、昭敬大王こと宣祖と、上朝こと光海君が旌門を立てて表彰した。このような筋書である。

本記事で重要な点として、李大源の事件であることと、二人の王から表彰等をされたこと、が挙げられる。

先に後者から述べると、少なくとも「新忠」で二人の王からの褒賞・表彰を挙げる他の記事は倭乱記事のみである。基本的には一人の王による褒賞で、褒賞自体が明示されない人物もいる。その中にあって、宣祖からの恩賞・追贈に加えて、光海君からの旌門がこの記事で言及されるのは、光海君が何らかの意図をもって再評価し、それが「新忠」に反映されたということではないかと考えられる。

一方前者は、この事件が壬辰丁酉倭乱の前哨戦のように見られる節があるということである。「新忠」においてこの丁亥倭変から壬辰丁酉倭乱の記事が始まることは、前述した光海君の表彰明示の開始と相俟って、「新忠」における壬辰丁酉倭乱像の描写に貢献している。

したがい、この記事は、単に倭寇との衝突で戦死した忠臣の事例としてのみ見るべきではない。朝鮮では、統一以前から三国が外勢と戦い、高麗時代最大の外勢、蒙古との衝突を経て、「一三五〇年頃から高麗の南方沿岸に現れ、しだいに首都近くまでその行動範囲をひろげ[55]」た倭寇との戦いへと続く。如上の展開の最大最後の戦争が壬辰丁酉倭乱であるというストーリーにおける、倭乱以前と倭乱との結節点が、この「大源力戦」なのである。

ただ、倭乱前の部分でもそうであったように、倭乱部分でもその中で起こった全ての戦いが網羅されているわけではない。また、或る程度は意識されていようが、必ずしも全ての記事の配置が時系列に沿っているとも限らない。その効果や意図は、既にこれまでの記事で見てきたとおりである。

1　壬辰倭乱の忠臣たち

壬辰倭乱は、一五九二年四月一三日の釜山城侵攻で火蓋が切って落とされた。釜山城の陥落後、翌一四日には釜山城から程近い東莱城が攻め落とされる。守っていたのは東莱府使の宋象賢であった。「新忠」の記事「象賢忠烈」（第三五張）では、戦況を不利と見て、辞世の句「父子の恩は軽く、君臣の義は重し、云々」を書いた扇を人に持たせて父に送った後、漢城のある北方に向かって再拝し、姿勢を正して坐ると、そのまま殺された。

「新忠」では、その後のいくつかの戦いを舞台にした記事が散見する。東莱城を落とした小西行長らの軍と忠州弾琴台の戦いで逃げようとする申砬《シンリプ》の呼びかけを断った金汝岉《キムヨムル》の戦死の様を描く「汝岉赴水」（第四二張）や、漢城陥落後、さらに北上した小西行長・加藤清正・黒田長政らと臨津江で戦って命を落とした劉克良の「克良血戦」（第四九張）などがあり、ある程度は史実の流れを追うことも不可能ではない。ただ、「新忠」は民衆教化書というメディアとしての性質上、史実を正確に辿らせるよりもその中でどのような人物がどのような忠行為を行ったかを示し、感化させることに重きが置かれる。これを念頭に置いて壬辰倭乱の忠臣たちを分類し、小題を付した。

（1）扈従《こじゅう》と義挙
（2）忠憤――忠の奇跡と家門顕彰
（3）ソンビ――朝鮮儒の誇り
（4）倭乱後の忠――宣祖の喪に服す
（5）民衆の壬辰倭乱――望風と奴婢

右のように、壬辰倭乱の忠臣たちは他の時代のもの以上に多様である。この多様さを通して伝えようとする朝鮮の忠を、以下にて具体的に浮かび上がらせてみたい。

（1）扈従と義挙

扈従とは、「天子の乗り物の供をする。また、その人」（『角川新字源』）を言うが、壬辰倭乱においては宣祖の都落ちに付き従って行ったことや、その臣下を指す。「新忠」では宣祖の逃避行を「宣廟西巡」「大駕西遷」と書き表している。扈従した者のうち、「新忠」で取り上げられたのは沈岱《シムデ》と李廷馣《イジョンアム》である。沈岱の記事では全く触れられないけれども、李廷馣の記事では宣祖落郷の道中での一コマが見られる。

●月川君李廷馣《イジョンアム》は京都（ソウル）の人。親兄弟を大事に思い、文に優れていた。壬辰倭乱のとき、宣廟西巡の前日の夕刻に夫人の尹氏と酒を酌んで永訣し、書室で首を吊《つ》ろうとした。しかし、絶命間近になって家人が急いで助けたので、一命を取り留めた。翌日、王の駕に扈従して松京（開城）に着くと、宣祖は延安城を守るように言った。いくらもせぬうちに倭兵数千に包囲されたので、李廷馣は昼夜力戦するも、士卒は疲労困憊となる。倭賊の将が城壁を登ってきたので藁を積んでその上に坐り、子の濬《ジュン》に炬火を持って来させて、「城が陥落したらこの藁に火をつけ（て自決す）る」と（兵らに）誓った。士卒は感泣し、決死の覚悟で戦ったので、賊は大敗して逃げた。昭敬大王（宣祖）が録功贈職なさり、この度、上朝（光海君）が旌門した。（第五三張「廷馣忠烈」）

李廷馣（一五四一―一六〇〇）は二一歳で文科及第し、その後、大司諫や吏曹参議などを経て、壬辰倭乱のときは黄海道招討使に任命されて義兵を集め戦った。倭乱後に隠退し、死去。死後四年経って月川府院君に封ぜられるとともに録功贈職、つまり宣武功臣二等追録と左議政追贈などの表彰がなされた。なお、功臣とは、忠臣と重複する部分もあろうが、功つまり手柄のある家臣を意味するので、まず功績ありきと言える。李廷馣が多くの褒賞を受けたのはこの延安城の戦いが勝ち戦だったためである。倭乱におけるこの戦勝、そしてそれを実現した戦功の評価の大きさが窺えよう。

このような月川君の忠行為は、守城という任務をひたすらに墨守したこと。倭賊の将が城壁を登ってきても城を捨て任務を放棄するどころか、自決の決意で守城することを表明。これに兵卒らが心を動かされて死力を尽くし、日本軍を撃退することができたのである。忠臣として申し分ない事例と言えよう。

李廷馣は、一五九二年四月末より義州への逃避行を開始した宣祖の駕に随伴して松京まで移動した。宣祖が義州に着いたのは六月二二日頃で、義州の民衆はみな山谷に避難して閑散とし（『宣祖実録』巻二七、一五オ／二五年六月二二日条）、義州牧使の衙舎が行宮代わりになったという（『宣祖修正実録』巻二六、一九オ／二五年六月一日条）。ただ、扈従前の経緯については、他資料との不一致が見られる。「新忠」では妻の尹氏と晩酌をして別れを惜しみ自殺を試みたものの、家人に助けられたので意を決し扈従したとする一方、『宣祖修正実録』では母と訣別して、戦争下のこの状況で禄を食む者は国のために死ぬべきであって不孝者にならざるを得ないと嘆き、妻とともに自殺を図ったとされる（巻二六、二七ウ／二五年七月一日条）。ただ、李廷馣自身の著述である『西征日記』と『四留斎集』所収「行年日記」で「新忠」と同じくこの忠孝衝突は確認できなかったので、本人が書くのを憚《はばか》ったエピソードが後日何らかの形で知られ、『宣祖修正実録』で採録されたのかもしれない。

また、李廷馣に延安城を守らせたのが、「新忠」では宣祖、『宣祖修正実録』では光海君によるものとなっている（同右）。これについては、第一節の6「壬辰丁酉倭乱と光海君」で述べたとおり、義兵を募るよう指示したのが光海君であることから、実際の指示者が光海君であるにもかかわらず宣祖が言ったものとしたとみられる。「大駕」「西巡」「西遷」と表したところで実態が首都・王宮を放棄しての逃走であることは変えようが無い。そこで、宣祖がこの勝ち戦の指示者だと記述することで、王威の回復を図ったのであろう。

一方、「宣廟西巡」によってこれと異なる形で義兵を集め戦いへ赴かせた人物の記事もある。

「新続忠臣図」

●正字の柳宗介《ユジョンゲ》は礼安県の人。好んで『周易』を読み、兵書についての論議もし、また、忠孝大節を備えていた。壬辰倭乱の際、大駕西遷のことを聞いて痛酷に慨嘆し、それが骨に染み入った（くらいの嘆きようであった）。そこで、義挙を起こすよう率先して唱え、同志を集めて義兵軍をひとまず組んだ。倭の先鋒隊と突然出くわして戦闘になると、この義兵軍が惨敗しても自ら弓を取って身を挺し、刃を手にして倭賊に抗した。しかし、尹欽らとともに殺される。昭敬大王が礼曹参議の職を追贈し、今また上朝が旌門した。（第六一張、「宗介抗賊」）

柳宗介（一五五八―一五九二）はもともと文官で、一五八五年に文科及第し、正言や典籍といった正六品の官職に就いている。壬辰倭乱で宣祖が都落ちしたことを聞いてひどく嘆き、自ら義挙して兵を募り、義兵将となった。現在の韓国東部にそびえる太白山を拠点に日本軍と戦っていたけれども、慶尚北道の奉化で毛利吉成の軍と衝突し、戦死した。

李廷馣の記事にも出た義兵とは、字義どおりには「正義のために起す軍隊。義師。又、義勇兵の略」（諸橋轍次『大漢和辞典』）だが、韓国国立国語院の『標準国語大辞典』では「外敵の侵入を退けるために民衆が自発的に組織した軍隊。または、その軍隊の兵士」(56)とある。倭乱期の義兵も後者を意味し、無論、外敵とは日本軍のこと。李廷馣が招討使という一官僚として朝廷より下命され義兵を募ったのに対し、柳宗介は自ら有志を集めて義兵軍を組織し、その将となった。その中には、すぐ次に配置された「尹金死義」（第六二張）という記事で描かれ、柳宗介とともに戦死した尹欽信・欽道兄弟および金麟祥の三人も含まれる。この三人は、柳宗介の呼びかけに真っ先に応じて合流したらしい。したがい、尹兄弟・金麟祥と柳宗介との関係は、配下と統率者ということになる。ただ、その動機は宣祖でなく鎮の将官や邑の守令が先を争って隠れる様子に憤慨してのことであり、若干の違いがある。

柳宗介、そして尹兄弟と金麟祥が戦死した戦いは、韓国で奉化小川の戦いと言われる。後述する記事の舞台となった錦山や尚州の戦いに比べればあまり取り上げられない戦いではあるものの、盧永九の研究では「柳宗介義兵部隊の活躍で三日間、日本軍の慶尚道北部の内陸地域への侵出を阻止」し、この時間稼ぎによって「安東一帯の朝鮮軍は軍事力を急いで整備し防御に必要な時間的余裕を持つことができた」として、「奉化小川の戦いが契機となって慶尚道北部地域を足掛かりに朝鮮軍は本格的な反撃に出た」と評価される。[57]

奉化小川とは、現在の韓国でいう慶尚北道奉化郡小川面を指す。奉化郡自体は、南側を安東市と、北側を江原道と接しているものの、小川面は同郡東部に位置し、安東とは接しておらず、北方がわずかに江原道と接するに過ぎない。ここに一五九二年七月下旬、毛利吉成軍が到着した。これを迎え戦ったのが柳宗介ら義兵軍であった。

このように「新忠」では、「大駕」「西巡」などと表現される逃避行の主である王や鎮将・邑守令といった為政者層が我先に難を避けるのと対照するように、義兵として立ち上がる民衆が描かれたのである。

ちなみに「東新」では宣祖代に柳宗介への贈職だけが述べられて尹兄弟ら三人への褒賞が明記されていないけれども、『東新』の編纂過程では逆に、はじめ「尹金死義」だけが作成され、「宗介抗賊」は無かったらしい。これに対し司憲府が光海君に申し立てたことで、柳宗介の記事を別途作成することと柳宗介・尹兄弟・金麟祥の四人が住んでいた邑への旌表の実現が『光海君日記』太白山本に記録されている（巻三二、一二四オ／一六一五年七月一四日）。つまり、「新忠」の忠臣として認定されたのは尹兄弟らのほうが先だったのだ。

（2）忠憤——忠の奇跡と家門顕彰

先ほど義兵が取り上げられたので、もう少しだけ義兵の記事を見ることとしつつも、アングルは若干変えるとしよう。ここでは、忠の描写として超常現象の発生を用いた忠憤を取り上げる。

忠憤とは、文字どおり「忠義の心から起こる憤り」（『角川新字源』）のこと。「新忠」においては、忠に由来する、単なる感情以上の強烈な怒りが超常現象を起こしたと描かれる。そして、この描写も含む記事の掲載それ自体が家門顕彰を目的としたと見られる、行実図に人物が掲載されることの社会的意義を考えさせるような背景も、次の記事で確認できる。

●参議の高敬命《コギョンミョン》は光州の人。壬辰倭乱では義兵を起こすことを率先して唱えた。そうして、錦山の倭賊と戦ったものの破れ、子の高因厚《コインフ》や配下の柳彭老《ユペンノ》・安瑛《アンヨン》らとともに死んでしまう。そこで、長子の高従厚《コジョンフ》が復讐のために兵を起こすも、結局は晋州で死んでしまった。初め、高敬命の屍は錦山の山中で密かに瘞《うず》められ、四〇日余り経ってから初めて殮襲《れんしゅう》されたのだが、その時の顔色はまるで生きているときのようであった。永葬する段になると、長い虹が墓の左から立ち起こった。その常ならぬ光彩に、人は言った。「忠憤の（天を）感ぜしめるところ（の奇跡）であるな」と。（それでのちに、）昭敬大王が命じて旌門とともに祠堂を一つ建て、褒忠と書かれた額を賜（り、以てその名とな）ったうえ、礼官が派遣されて祭られ、左賛成の職を追贈されたのである。
（第三七張、「敬命忠烈」）

現在の忠清南道に位置する錦山での戦闘、いわゆる錦山の戦いで戦死した義兵将、高敬命の記事である。この戦いを舞台とする記事としては他に「彭老死義」「安瑛死義」が「新忠」に収められた。なお、長子の高従厚が孝子図において独立した別の記事（「新続孝子図」巻六、第三七張／「従厚擧義」）にされた他、同じく息子の高因厚の記事（「新続孝子図」巻六、第三一張／「因厚同死」）や娘の記事（「新続烈女図」巻八、第六四張「高氏死賊」）もある。そこで、高敬命を『東新』全体において、忠臣を部下に持つ忠臣かつ孝子や烈女を育てた父として表されたと見ることもできる。ちなみに、高敬命《コギョンミョン》に従い戦った忠奴、鳳伊と貴仁は「新忠」に載らず、石碑（本書裏表紙写真、筆者撮影）のみ建てられた。

そのような高敬命ではあるものの、敬命自身の生前の行動は右の拙訳のとおり、ごく簡単に書かれているに過ぎない。文面の大部分は、死後である。

錦山の戦いで散った高敬命の遺体は、はじめ山中でひっそりと埋められたものの、四〇日余り後に殮襲、つまり遺体は洗われて服を着せられた上、殮布《れんぷ》という布でくるまれた。そのときの顔色が生きているときと変わらなかったらしい。そして、墓へ葬る際、墓の左から虹が発せられ、その只ならぬ現象を見た人々がこれを、高敬命の忠心から来る憤りが天を感動させてこのような奇跡を起こしたのだと言ったとのことである。なお、高敬命に対する表彰は、宣祖が厚遇を以て行《おこな》ったことのみが記録されている。

この記事で書かれたような超常現象が実際に起こったかは確認しようが無いものの、高敬命という義兵将の死が超常現象を発生させたと描写された点は重要であろう。このエピソードは、尹根壽（一五三七—一六一六）の『月汀集』（巻六、六ウ—一五ウ／「參議高公神道碑銘」）や李明漢（一五九五—一六四五）の『白洲集』（巻一八、二五オ—三五オ／「贈議政府左贊成霽峯高公諡狀」）でも見られ、両書とも一〇月庚寅《こういん》（四日）のこととする。うち、尹根壽は、高敬命と同じく倭乱を体験し、李廷馣とともに扈聖功臣《こせいこうしん》に封ぜられている。没年が一六一六年、つまり『東新』刊行の一年前であるため、この超常現象が記された経路として、碑銘にまず記されてから『東新』にも採用されたか、元となる口頭伝承がまずあって碑銘と『東新』に書かれたか、の二つが考えられよう。

次に、この碑銘を著すことになった理由を、高敬命の子の高用厚《コヨンフ》に請われたためとする説から見てみよう。

高用厚（一五七七—未詳）は高敬命の末子で、家門の名を高めようと活動していたことが知られる。たとえば、高敬命・従厚・因厚の忠節を称える目的で一五九九（宣祖三二）年に『正氣録』を編纂し、一六一二（光海君四）年には過去に剝奪された祖父の官職の回復を上疏し（『光海君日記（太白山本）』巻一九、一二一オ）、一六一七（光海君九）年には高敬命の著述を収録した『霽峯集《せいほうしゅう》』を刊行した。

そして、『東新』刊行に際して、高用厚が兵曹正郎等の職を以て編纂に関わっていたことは、『東新』の「新続烈女図」巻八の末尾に掲載された「奉教修東國新續三綱行實官貟職名」に記されていることから明らかである。そこで、忠憤の事績は高用厚を通して「新忠」に載せられたのではないかと推測できる。すなわち、尹根壽の手による碑銘文を受け取った高用厚が、父である高敬命の記事の作成に際し、父の故事の取材源としてこれを提供したのではないかということである。このことと、父のみならずその子女三人や部下二人まで記事にして掲載できたことも、無関係ではなかろう。

ここで指摘したいのは、家門の顕彰に尽力する高用厚をして自身の血族や関係者を『東新』に載せようと思わせた、朝鮮国の時代における〈行実図〉の社会的意義である。つまり、〈行実図〉に自身の血族が掲載されることで、自身やその家門にどれほどの恩恵がもたらされたか、またはそう期待させたかが、高用厚のこの行為から考えさせられる。高敬命の名声は、『朝鮮王朝実録』などで倭乱後も多く見られるほど確立されており、倭乱後においてその父（高用厚にとっては祖父）の名誉挽回に資するほどであったにもかかわらず、高敬命個人の文集を刊行し、しかも『東新』にまで載せようとしたわけである。

なお、高敬命および息子の高従厚・因厚兄弟や部下の安瑛・柳彭老は、現在も光州市の褒忠祠で祀られている。忠憤による奇跡が本当に起こったかどうかはさておき、高敬命らが現代の韓国でもなお知名度が高いように、当時においては現代以上に高敬命らの功績が知られ、それがこの奇跡に象徴されたと考えられよう。

（3）ソンビ——朝鮮儒の誇り

ソンビとは朝鮮在来のことばで、「昔、学識はあるが官職に就かない者」が本来の意味だという。ここから意味が増え、現在は「学問を修める者を指す古風な語」「財を貪らず義理と原則を重んじる学識ある者を比喩的にいう語」「品性高潔なばかりで現実に疎《うと》い者を比喩的にいう語」としても使われるようである（以上、『高麗大韓国語大辞典』NAVERインターネット辞典版を参照）。

したがい、これまで取り上げてきた忠臣たちとは異なる人物像が思い浮かぶのではないかと思う。豊臣秀吉は明を指して「長袖国」、つまり袖が長く動きにくい服を着る貴族や文官らの治める国と言ったらしいけれども、「新忠」のソンビたちの服装もこの点に違いは無い。いわば「長袖」の忠臣が収録されたわけである。

●幼学の朴蘧《パクソン》は咸陽郡の人で、操行が良かった。壬辰倭乱のときは病気にかかっており、避難できずにいた。倭賊がやってきて荷物を担がせようと迫るも、朴蘧は固く拒否して罵り、こう言った。「我は朝鮮のソンビ（士）である。義により、賊の奴役にはならぬ」と。それで倭賊は激怒し、寸断して殺したのだった。光海君が旌門した。（第五二張、「朴蘧罵賊」）

幼学とは、官職の無い儒者のこと。壬辰倭乱のとき、慶尚道ではあるものの西隣を南原など全羅道と接する咸陽郡という所に住んでいた朴蘧を日本の兵が捕まえ、荷物を運ばせようとした。しかし、もともと志操堅固な性格であったため、兵らを罵倒して断ったところ、バラバラに斬り刻まれて殺されたという。

「新忠」では朴蘧への表彰が光海君の旌表しか書かれず、編集過程でも漏れていたことが『光海君日記（太白山本）』巻三四、光海君七（一六一五）年一一月一一日条で確認できるので、あまり注目されなかった人物らしい。

とはいえ、他の文人に全く知られていなかったわけでもない。鄭慶雲（一五五六―未詳）『孤臺日録』巻一の「壬辰」夏五月二二日辛巳条で若干ながら言及され、また、交流のあった朴汝樑《パクヨリャン》（一五五四―一六一一）『感樹齋集』巻五「天嶺孝烈録」には少量の伝が書かれてもいる。もっとも、後者では、「新忠」の記事に近い内容のことを丁酉倭乱の出来事としているため、この伝が交流のあった者の記述であることと朝廷からあまり注目されていなかったことを踏まえると、「新忠」で壬辰倭乱時のこととしているのは誤りであるように思われる。

「天嶺孝烈録」の伝と比較することにより、「新忠」で読者に示そうとしたものが見えてくる。それは、朴蘁の「我は朝鮮のソンビ（士）である。義により、賊の奴役にはならぬ」という台詞である。朴汝樑の没年から考えると「天嶺孝烈録」のほうが先に書かれたのであろう。したがい、ここに記される「吾は読書人である。どうしてお前らに従えようか」という台詞が「新忠」の取材源と思われる。

そして台詞には、「新忠」に掲載するに当たって装飾が施されている。「読書人」は知識人の謂いであるからソンビとして問題無いにしても、「朝鮮の～」と国を声高に言わせ、「義により～」と道徳志向的な物言いをさせ、賊に従うことを「賊の奴役」とする表現操作は、「新忠」で訴えんとするものを朴蘁に代弁させるためであろう。

●県監の申吉元《シンギルウォン》は京都（ソウル）の人。壬辰の年（一五九二年）は聞慶を治める職にあった。倭賊に捕まり、刀をちらつかせ「お前は邑守なのだから馬に乗れるだろう」と脅されると「私はソンビ（儒者）だ。どうして乗馬などできようか」と答えた。また「はやく降伏して署名しろ」と脅されても屈せず、道案内するよう言われても拒み、手で首を指して「はやく斬れ」と言い、罵り続けた。そのため、激怒した倭の頭領に片腕を斬られ、「これでも道案内しないのか」と言われたので、「腕が無くて何ができようか」と言い返した。それで寸断されて殺される。光海君に旌門された。（第五一張、「吉元抗賊」）

続いて、掲載順と逆の順番で紹介することになったが、右の記事は「朴蘁罵賊」の一つ前の張に配された、現在の慶尚北道聞慶市に当たる聞慶の県監であった申吉元の事績である。こちらも戦時下での秀吉軍の兵と朝鮮の人々との応酬が書かれている。朝鮮において、後述する「望風」のように朝鮮国の人間でありながら、国のために積極的に動こうとしない者がいたり、離反して日本側に寝返る者がいたりしたわけだが、脅されても従わない者の顛末の一つが二人の記事によって示されている。これまで見てきたとおり、「新忠」では内容の訴求効果を高めるための操作がされている可能性もあるのでオーバーに表されている場合もあるものの、従わなければ殺されることは十分ありえたのだろう。

申吉元は県監という職があるので無官無職のソンビというわけではないものの、当時の官僚の例にもれず、儒教的知識人の一人ではある。したがい、倭兵に対し「私はソンビだ」と唱えた可能性はあるけれども、『乱中雑録』や後世の『燃藜室記述』など他資料にこの台詞が見られないため、あるいは創作かも知れない。

とはいえ、どちらの記事でも、倭賊と呼ばれる秀吉軍の兵からの要求を拒む根拠として自身がソンビ（漢文本文では「士」「儒者」）であることを唱えるというのは、興味深い。そして、こうした言動を主人公にさせた理由として、武ばかりの侵略者たる日本を貶《おとし》める意図があったことが推測できる。朝鮮では、高麗の武臣政権期を除いてほぼずっと文官が国を治めていたため専ら文官優位であり、しかも「長袖国」の明を尊崇し、後に小中華を自称する気風を持つ「文尊武卑」の朝鮮国にとって日本は東の野蛮国に過ぎないからだ。

つまり、日本で秀吉が明を「長袖国」、自国を「弓箭きびしき国」として明を貶めたのと同じく、光海君ら撰集者は、自身をソンビだと唱えて倭軍を罵り拒絶する主人公をさながら自画像のように描くことで「倭賊」「倭兵」である日本を貶め、その構図を〈行実図〉というメディアで広めようとしたのであろう。

（4）倭乱後の忠――宣祖の喪に服す

これまで見たとおり、「新忠」では国・時期別に記事がまとめられている。壬辰倭乱の時期とされるものが集められた部分には全五〇もの記事があり、最も多い。ただ、この部分の構成をよく見ると、七六番目から八四番目までは、少し様相を異にするものであることが分かる。いずれも主人公が民衆であり、しかも一つが倭乱後の事績、残りのほとんども忠の対象が王や国でない者を描く記事だからである。本節で前者を、次節で後者を取り上げた後、これらの記事群の存在意義を考えたい。

●庶人の裴舜《ペスン》は豊基郡の人。昭敬大王の喪に服し、（足掛け）三年間ずっと生臭物を口にしなかった。光海君により旌表された。（第七六張、「裴舜行素」）

庶人とは、官職や特権を持つことのできない身分の民で、対義語は、先に見たソンビを含む士人である。その一人、裴舜が昭敬大王こと宣祖の喪に服したことで、表彰された。上で見た、倭乱前の宋秀彦が二度の国喪のどちらに対しても服喪したことで宣祖に表彰されているけれども、宋秀彦は郷吏、つまり下級ながらも官僚であった。ところが、裴舜は庶民である。宣祖代の末年がその四一年に当たる一六〇八年であるから、その後、喪明けしてからの出来事であることは分かるものの、裴舜が何者であるかについては、『朝鮮王朝実録』など他の資料でも管見では探し当てられなかった。

ただ、倭乱期の人物でもなく、実在を確認しにくくとも、このような記事を載せた目的は、宣祖の漢城離脱とそれに伴い凋落《ちょうらく》した王威の回復にあったと考えられる。都落ちで民衆から石を投げられるほど民意の離れた宣祖の喪に服する庶人の事績を読ませることで、宣祖の権威を少しでも取り戻させようとしたのであろう。

（5）民衆の壬辰倭乱――望風と奴婢

裴舜の事例に見たとおり、民衆の中には宣祖の喪に服するような者もいたらしいけれども、宣祖が漢城を捨てて逃走した場面にあったように、心が朝鮮国王から離れてしまった民衆も多かったことは否定できない。「新忠」において民衆のそのような様子は、「望風」と表現される。「いきおいをのぞみみる」（『大漢和辞典』）という意味で、戦況を専ら日和見し、場合によっては日本軍に降ることも躊躇しない不忠の態度として描かれる。「新忠」による教化をもって駆逐されるべき心持ちであるので、これ自体を強調する記事が収録されるわけはない。しかし、記事の主人公と対置して描かれた記事があるので、それを紹介しよう。

●校生の許秀民《ホスミン》は吉州の人。壬辰倭乱では、人々がみな望風し、（日本側へ）投降した。秀民は独り憤然として「国に背き賊に媚びることはできない。死あるのみ」と言い、土兵の崔合多介とともに義兵を募ったものの、賊に知られ、捕まって（倭賊の頭領の前に）連行される。そこで秀民がおもむろに「私は服従しない。今すぐ殺せ」と言ったので激怒され、寸断され（て殺され）た。光海君により旌表された。（第四五張、「秀民不屈」）

●定虜衛の鄭應亀《チョンウング》は清州の人。もともと勇健なことで知られていた。壬辰倭乱では集落の者を集め、倭賊を殲滅しようと心に誓う。しかし、倭賊の突然の襲来に、人々はみな望風し散り散りに逃げてしまった。鄭應亀は剣を佩《は》き弓を射て賊らの中に突入し、その将を殺したものの、自身も殺された。光海君により旌表された。（第七四張、「應龜射賊」）

この二つの「望風」の場を理解するため、それぞれの記事を少し解説する。まず、それぞれの主人公である許秀民と鄭応亀について、詳細は分からない。管見では、両者とも『朝鮮王朝実録』や倭乱期に存命だった者の著した書物にも記述を確認できず、ただ、後世の資料に若干の文があるのみであった。

許秀民の故事の舞台は、朝鮮半島北部の咸鏡北道にある吉州である。成海應（一七六〇―一八三九）『研經齋全集』巻六〇、「蘭室史料」三の北方忠義傳によると、一四六七年に起きた李施愛の乱の鎮圧で活躍した許惟礼（生没年未詳）の血族らしく、王子の所在を倭賊に聞かれたものの答えず、罵り続けたために殺されたとある。ここでいう王子とは、光海君の兄の臨海君と弟の順和君を指す。一五九二年七月二三日に両王子が加藤清正軍に捕まっていることから、清正軍が吉州の近くの海汀倉で朝鮮軍と衝突した七月一七日からこの二三日以前までが、許秀民の記事の時期ではないかと推測される。

また、鄭応亀は、忠清南道清州が活躍の場である。『輿地《よち》図書』「忠清道」の清州牧部にも「新忠」と同じ話が書かれるのみだが、こちらは死後のことが主で、射殺した倭将の首が龍湾（義州）にいる宣祖に献上されると、これが褒められて更に天朝（明国朝廷）にまで奏上され、旌閭《しょうりょ》されたという。宣祖が義州に着いたのが一五九二年六月二二日、また、鄭応亀の義兵糾合が、同じく忠清道の公州で七月三日に趙憲らが義兵を組織したのに呼応してのことであれば、それ以降の出来事であったことになる。将の名は述べられていない。

この二つの記事に現れる人々の望風後の動きを見ると、前者が倭賊に投降、後者が義兵隊から抜けて逃走してしまったとされる。また、二人とも義兵を募ってはいるものの、かたや集まらず、かたや集まるも逃げ去るという顛末となった。ただ、「壬辰倭乱ではどこの守令も望風して散り散りに逃げ去った」（第五七張、「權吉守城」）うえ、宣祖自身も分朝という口実で世子の光海君に王としての責務を全て肩代わりさせて自身は「落郷」つまり都落ちした。朝鮮が約二〇〇年間、大きな戦の無い期間を経て、良くも悪くも戦を忘れたゆえの世相が垣間見える。

ただ、義兵将がそうであったように、朝鮮の民全てが望風の風潮に染まっていたわけではない。たとえば、倭軍に占領された漢城に潜入して兵を募ったものの捕まり、賊の脅しに屈せず「国の為に賊を討つ」意を言い放ち、南大門で焼き殺された朴楠《パクナム》は弓匠であった[58]（第七七張、「朴楠焼死」）。

次に紹介するのは、奴婢の事例である。朝鮮国の身分制度は、良人（両班・中人・常民）と賎民（奴婢等）に大別し、奴婢はその最下層に配された。奴婢は帰属によって奴婢と私奴婢に分けられ、公奴婢は国王など王室や朝廷の各部に所属し、私奴婢は両班などの私有財産として所有される。

〈行実図〉において奴婢が主人公とされる記事は、中宗の『続三綱行実図』の忠臣図に収録された「金同活主」（「続忠臣図」第四張）を嚆矢《こうし》とする。それ以前は、他の人物に焦点を当てた記事で主人公とともに登場するに過ぎなかった。ちなみに、「金同活主」の主人公、金同は宗室の一人、李祺に仕える公奴で、燕山君（朝鮮国第一〇代国王、在位は一四九四―一五〇六）の寵妓に訴えられて捕まった主人をかばい、偽証を拒否して刑に処された。

「新忠」で読むことのできる奴婢の記事は七つ。いずれも私奴婢であるため、王ではなく自身を所有する主人または主家に仕える。本書では奴と婢を一人ずつ紹介したい。

●私奴のソェ（金伊）は豊徳郡の人。平素は主人を奉養し、少しも逆らわなかった。壬辰倭乱のとき、主人は九〇歳を過ぎていて歩けなかったため、ソェ（金伊）はその傍から離れなかった。倭賊が襲来すると右また左から支えて守り、また、あらゆる物品を渡して命乞いをしたり、主の代わりに自身を殺すよう乞うたりしたけれども、結局は倭賊に主を殺される。（その後、）誠意を尽くして亡主の葬祭礼を執り行い、最後まできっちりと喪に服した。光海君により旌表された。（第八〇張、「金伊護主」）

「金伊」をソェ（쇠）と読むのは借字法による読み方。ソェが「かね（特に鉄を指す）」つまり金属という意味の在

来語であるため、そう読ませる。このように現代韓国では見慣れぬ名は、「新忠」でムジョッセ（無其叱金무적쇠）、「新孝」ではやはり賤民階層の一つで白丁のメプサン（毎邑山맵산）や身分不明のクッセ（末叱世끝세）や寺奴のチョンドン（千同천동）・駅婢のトンイ（同伊동이）、「新烈」では良民の娘のヌッケ（芿叱介늗개）・トルゲ（石乙介돌개）・クッケ（仇叱介굳개）、官婢のヨヌァデ（連花代년화디）、庶民の妻のチャグンゲ（者斤介자근개）など、様々。「秀民不屈」の崔合多介の名、ハプタゲ（合多介합다개）も同類であろう。うち、『続三綱行実図』の金同も共有する同字は在来語のトン（똥）つまり「糞」を、チャグンゲは現代韓国語でも音が同じ작은개、つまり「小さいの」を意味し、名付けられた者を卑下する表現で、低い身分の人名に使われたと見られる。

ソェの事績は、主に三つに分類される。第一に、平素より主人に従順であったこと。第二に、倭乱で危機に際しては主人の命を守ろうとしたこと。第三に、殺された主人の葬祭礼を行い喪に服したこと。つまり、存命時の平素と非常時、および死後という三つの位相を問わず忠実に仕えたという点で、王でなく主に仕える奴でありながら、「新忠」に描かれたわけである。仕える対象を守るという行動は「新忠」冒頭の温君解の行動と通ずるものと評価できよう。その意味では、次の私婢の事例はいっそう印象が強い。

●私婢の莫介《マッケ》は京都（漢城）の人。県監職にある李汝機の妻、尹氏の婢である。壬辰倭乱の際、尹氏は倭賊に遭遇し、殺されそうになった。その時、莫介は大声で「賊め、我が主を殺すのか」と言って倭賊の前に割って入って白刃を把った。（しかし結局は）殺されてしまう。当時、一八歳であった。光海君が旌門した。（第八四張、「莫介把刃」）

ソェの主人については記事で全く言及されていなかったけれども、莫介については主家の情報に多少触れている。

そのため、まずはこの検証から始めたかったものの、李汝機についてはよく分からない。ただ、一五五四年生まれで一五八八年に文科及第し、一五九六年に黄海道は康翎《こうれい》の県監職に就いていたものの業務上の失敗を理由に弾劾されたこと、そして妻の尹氏は尹彦実の娘であることが分かっている。

莫介はわずか数え一八歳で、仕えている尹氏とともにいたある時、倭賊に出会ってしまい、尹氏が殺されそうになった。そこで、倭賊の前に立ちはだかり、その白刃をつかみとって尹氏を守ろうとしたのである。これが怒りを買う原因になったのか、莫介は殺されてしまう。尹氏のその後は言及されないものの、絵図を見る限りではやはり殺されたと見られる。

この莫介を含む「新忠」の私婢三記事は、行実図の展開において、『続三綱行実図』で奴事例を載せたのに続き、婢事例を載せた点で評価できる。ただ、どれも主人を守って死ぬ行為であるため、奴の忠行為に比べると単調である。宣祖に扈従した宮女等の記事があれば女性全般の徳行として忠を描いた最初の行実図と言いやすいけれども、そうでないため、慎重にならざるを得ない(59)。

図6　莫介把刃(『東国新続三綱行實圖』忠臣図巻之一、大提閣より)

とはいえ、倭の刃を掴《つか》んで主を救おうとする婢の話は「新忠」唯一であり、目を奪われる。真剣白刃取りとまではいかぬとも、その振る舞いは勇猛であり、上で紹介してきた新羅の官昌や高麗の鄭沆にも引けを取らないのではなかろうか。本記事を以て「新忠」の壬辰倭乱が幕引きする所以であろう。

2　丁酉倭乱の忠臣たち

朝鮮において一五九七年一月から一五九八年一一月下旬まで約

二年続いた丁酉倭乱の記事は、六つ。これは、上で見た奴婢事例よりも少ない。うち、黄石山城戦を記事にしたものが二つ、南原城戦を扱った記事が三つ、露梁津海戦が一つ、である。史実では南原城が先に陥落するけれども、「新忠」ではまず黄石山城戦が、次いで南原城戦、最後に露梁津海戦が読まれるように配置されている。本書では、「新忠」の丁酉倭乱記事の半数を占める南原城戦と、壬辰丁酉倭乱で最も名の知られた人物、李舜臣を描いた露梁津海戦の記事を見ていく。

（1）明国からの背任者――楊元と南原城戦

南原城の戦いは、朝鮮半島南西部にある南原（現、全羅北道南原市）の城で勃発した。一五九七年八月一三日（日本側資料では八月一二日）に始まり、わずか三日で南原城陥落という決着を迎える。

●兵使の李福男《イボンナム》は京都（漢城）の人。丁酉倭乱のときは全羅兵使の職にあった。明軍摠兵の楊元《ヨウゲン》が南原城にいたものの、倭賊が城外に攻めてきていたので、（状況は）甚だ急を要した。李福男は助防将の金敬老に「我々は将帥であるのに、どうしてこの状況を座視できようか」と言った。そして、馬を並べ兵を率いて進み、賊の陣地を望み見ると、手を打って大声で言った。「身を捨てて国に報いるのは、今この時である！」と。李福男の軍は法螺貝と喇叭を吹き鳴らし、少しも恐れることなく直ちに城内へ入っていく。楊元には城に留まって守るよう勧めていたのに聞き入れられず、逃げ出した。その後、城は陥落し、福男は戦死する。昭敬大王（宣祖）が贈職し、今また上朝（光海君）が旌門した。（第八八張、「福男守城」）

●府使の任鉉《イムヒョン》は京都（漢城）の人。丁酉倭乱の際は南原府使であった。ときに、賊が城を囲み、（状況は）甚だ急を要した。明軍摠兵の楊元は（城を）守れずに逃げた。城は陥落し、任鉉は戦死する。昭敬大王（宣祖）が贈職し、今また上朝（光海君）が旌門した。（第八九張、「任鉉守城」）

明軍の楊元が、ここで焦点を当てる人物である。「新忠」では官職を摠兵とするものの実際には副摠兵である。右に挙げた「新忠」の両記事では、日本軍に囲まれた南原城の陥落必至の情勢を知り、李福男の勧めを蹴って、城の守備を放棄して逃げたという描写がされている。ここに挙げるのを省略したもう一つの記事「期遠死義」（第八七張）では、留まって城を守ろうとする鄭期遠《チョンギウォン》に逃走を勧めたものの断られ、陥落後に逃げたと記される。

楊元は、生年未詳だが、この敗戦の責任を負わされて処刑された。翌年一〇月八日にはその首が漢城の南大門外に届けられ、「南原で負けたとはいえ平壌での戦功があることは忘れてはならない」として、李如松とともに壬辰倭乱で手柄を立てた点も踏まえ、肖像を描いて祀られたという（『宣祖実録』巻一〇五、一二オ）。したがい、右に挙げた「新忠」の記事とは異なる扱いを実際にはされており、背任者や逃走者と考えられていない。

この乖離の原因を指摘する資料は管見で確認できなかったけれども、壬辰倭乱後の南原における明兵と朝鮮民衆との確執が丁酉倭乱当時にも残っており、その余波が楊元の現地での評価を下げたと考える。『燃藜室記述《ねんれいしつきじゅつ》』巻一七の「乱中時事摠録」や趙慶男の『亂中雜録』によれば、朝鮮では一五九三年から大飢餓となり、人が人を食う事態であった。南原でも同様で、民は明軍に家畜を安価で買われ、地域に家畜もいなくなった。一五九五年五月頃には餓死者が道に溢れ、酔った明兵の吐瀉物すら食べようと飢民が群がる有様だったという。

このように悲惨な苦境のなか、援軍という名目で居座り、自身の食物で満腹になる明軍に好印象を持つ方が難しい。民衆教化書である「新忠」の特性上、南原の者が読みやすいよう楊元を悪く描いたと考えられる。

必ずしも同じでない部分もあり得よう。(60) 民衆教化書で示される忠臣像としての李舜臣を確認し、「新忠」同様、本書も締め括りたい。

(2) 最後の戦い――李舜臣の露梁津海戦

いよいよ「新忠」最終張、そして李舜臣《イスンシン》である。壬辰丁酉倭乱で最も有名であり、日本でもよく知られる。本書で述べるのはあくまでも「新忠」に描かれた李舜臣であり、これまで上で取り上げてきた人物と同じく、史実とは必ずしも同じでない部分もあり得よう。

●統制使の李舜臣は牙山県の人。その智勇は並外れて優れていた。壬辰倭乱では統制使となり、亀甲船を作って倭軍を攻撃し、勝ちを重ねた。戊戌年（一五九八年）の冬、水軍を率いて南海の沖へ出て、倭賊と大いに戦った。勝ちに乗じて（倭の船を）追って北上しているとき、李舜臣に弾丸が命中した。死ぬ間際、左右の部下たちに「決して喪を発して（私の死を明らかにして）はならぬ。旗を揚げ太鼓を打ち鳴らして私が生きているかのようにせよ」と戒めた。（部下たちは）言われたとおりにし、ついに大勝利を収めて帰還した。昭敬大王（宣祖）が贈職し、今また上朝（光海君）が旌門した。（第九〇張、「舜臣力戦」）

李舜臣（一五四五―一五九八）、本貫（特定の士族集団の発祥地）は徳水で、字は汝諧、謚号は忠武。居住地は牙山（現在の忠清南道牙山市）だが出生地は漢城である。一五七六（宣祖九）年の武科及第を皮切りにいくつかの官職と紆余曲折を経た。そして壬辰倭乱前年の一五九一年に全羅左道水軍節度使になったが、この頃には既に亀甲船の実用を考えている。一五九三年八月に忠清・全羅・慶尚三道水軍統制使（以下、統制使と略す）となる。丁酉倭乱が勃発した一五九七年一月には同じく武官の元均の謀略で官職を奪われ都元帥の権慄《クォンユル》のもとで白衣従軍、つまり官職を剥奪されて従軍させられる。しかし、統制使の職を奪った元均が同年七月に日本軍との戦いで敗死したために八月に再び統制使となって戦果を挙げるも、一五九八年八月には秀吉の死去で日本軍が撤退開始。一〇月には順天倭城の小西行長らを包囲するも翌月にはその援軍の島津義弘父子らと衝突し、一一月一九日に銃弾を受けて戦死した。死後は宣武功臣に列せられるばかりでなく、金堉（一五八〇―一六五八）の『海東名臣録』や正祖代（一七七六―一八〇〇）に編まれた『国朝人物考』にも名を連ねるなど、朝鮮における忠臣像の代表格と言える存在になった。ただ、義兵将でないため、純祖代に言われるようになった壬辰四忠臣（趙憲・高敬命・金千鎰・郭再祐を指す。『純祖実録』巻一六／一二年六月一〇日条）には名を連ねない。

以上が、「新忠」に近づけた史実上の李舜臣、および、死後の「忠臣李舜臣像」の伝播についてのごくわずかな言及である。李舜臣が統制使になるまで、および白衣従軍の経験といった遍歴は、「舜臣力戦」から省かれた。よって、この記事における忠臣としての業績は、専ら統制使として戦績を積み重ねたこと、及び、死に際して自身の死を外に漏らさないよう厳命して自軍の動揺や不利益を防いだこと、の二つである。うち、前者は李舜臣の事績を、良く言えばシンプルに、悪く言えば殊更に見栄え良く、省略したと見て問題無かろう。

図７　舜臣力戦（『東国新続三綱行實圖』忠臣図巻之一、大提閣より）

前者つまり連戦連勝の戦績は、後者である死に際の厳命を引き立てる背景であり、死ぬ時もなお自軍、ひいては国を思って止まない心の持ちようを表す後者こそが本記事の主たる内容である。

李舜臣のこの行動は、実は『宣祖実録』や『光海君日記』に見られない。唯一見られるのが『宣祖修正実録』である。これによれば、李舜臣は自ら力戦しているときに弾丸が胸に当たったので左右に支えられて帳に入った後、「急を要する戦況なので、決して私の死を他言せぬように（慎勿言我死）」と言って絶命。舜臣の兄の子の李莞がそれを守らせ言を守って秘密にさせたため、軍内には知れ渡らなかった（巻三二、三一年一一月一日条）。この表現は、舜臣の幼馴染の柳成龍（一五四二—一六〇七）著『懲毖録《ちょうひろく》』にも見られるものである。

ただ、舜臣の台詞の最も肝要な部分である「決して喪を発してはならぬ（慎勿發喪）」とは表現が異なる。そこで、さらに調査したところ、李元翼（一五四七—一六三四）が一六三一年四月五日に引見で話したこととして、李舜臣の死の間際にその息子の䓲《イエ》が抱きかかえて「喪を発してはならぬ（慎勿發喪）」という言葉を守って平常どおり戦ったという（『梧里集』別集巻二、三四ウ—三五ウ／「引見時奏事」、領府事時引見奏事 辛未四月初五日）。

つまり、李舜臣のいまわの際のエピソード自体は同世代の柳成龍や李元翼といった人物に知られていたものの、伝播した内容には次のような違いがあるということになる。

・舜臣の甥の李莞が、「決して私の死を他言せぬように（慎勿言我死）」と聞いた
・舜臣の子の李䓲が、「決して喪を発してはならぬ（慎勿發喪）」と聞いた

柳成龍と李元翼の生没年や光海君代の頃の役職、及びそれぞれの出典の執筆可能時期、そして「新忠」で採用されたのが後者であることを考慮すると、恐らく前者のほうが先に柳成龍の知るところとなり執筆されるものの、光海君代に領議政の職を二度務めたことのある李元翼が何らかの形で後者を伝えた可能性があると解釈できる。もっとも、李元翼の名が『東新』の編者に無く、人間関係のつながりも見えない現時点では推測の域を出ない。

ちなみに、前者のパターンについては、他に官撰史書の『國朝寶鑑』や申炅（一六一三—一六五三）の『再造藩邦志』、一七九五年に完成した『李忠武公全集』に収められた金堉《キムユク》の神道碑（巻一〇、「附録二」）で見ることができる。さらに、『李忠武公全集』巻九、「附録一」に載録されている、甥の李芬が著した行録では、台詞は同じものの、舜臣の死を

李莞と舜臣の子の薈と侍奴の金伊、計三人が知るとする。ここに「新忠」の形も含めればパターンは四種類ある。それだけ、忠臣李舜臣の像が朝鮮の人々に膾炙《かいしゃ》され、語りが多様化したということであろう。

おわりに

壬辰丁酉倭乱により荒廃した一六世紀末から一七世紀初めにかけて朝鮮を治めた光海君の命で編纂された『東国新続三綱行実図』は、古くは朝鮮三国から、新しくは倭乱（に加え宣祖の喪まで）の人物の徳行を収録した、当時の人々にとっては通史とも言える大規模な書物であった。本書ではその中の一部である「新続忠臣図」に焦点を当て、可能な限り多様な古今朝鮮の一コマ一コマを叙述するよう試みた。その結果、我々は、「新忠」において壬辰丁酉倭乱が、朝鮮三国時代の靺鞨、高麗時代の蒙古や倭寇、そして倭乱前朝鮮国の丁亥倭変に続く、朝鮮の対外戦争史における大戦争として配置され、様々な人物が描写されていることを見ることができた。これは、壬辰倭乱がそれまでの外勢とくに異民族との戦いの延長線上のものとして表現されたということである。

このことは、壬辰倭乱が日本とは異なる戦争イメージ、すなわち、長い通時的背景を帯びる戦争として、光海君代の朝鮮において見られていたことを我々に示す。光海君代の朝鮮の人々にとって倭乱は、わずか三〇年程前の大戦争というだけでなく、朝鮮三国以来続く外勢「倭」との戦いの一幕であった。ゆえに、倭との戦乱「倭乱」と呼ばれるのだろう。周知のとおり、この呼称は現在も受け継がれている。

実は、同様の時間感覚は、現代韓国でも見ることができる。たとえば、朝鮮の建国神話に登場し、神話とはいえ朝鮮史上最初の国を作った檀君は「タングンハラボジ（檀君おじいちゃん）」と親し気に呼ばれている。また、一九七七年には、死六臣と総称される一五世紀前半の忠臣の六人目の座をめぐって祖先のために子孫が裁判で争ったという死六臣裁判もよく知られる（ソウルに死六臣公園もある）。朝鮮建国神話の「タングンハラボジ」や朝鮮国前期の死六臣といった神話上・歴史上の人物が現代韓国の人々にとって相当身近であり、祖先の活躍した時間である過去とは、いわば「陸続き」なのだ。

つまり、これらは我々に、壬辰倭乱を含め、「韓国・朝鮮の人々にとって祖先との時間的距離・感覚は、日本におけるそれに比べてかなり近い」という知見を示していると考えられるのである。このような世界観が形成された原因は複数あるだろうが、①死後も祖先の魂魄は子孫と同一の世界に存在し、祭祀儀礼でお招きし、ともに食事をするという儒教的死生観や、②本書で見てきたとおり、朝鮮では同一の民族が異なる国家を興し続けてきたという、日本とも中国とも異なる歴史を歩んできたため、といったことが挙げられよう。

最後に、「新続忠臣図」に視点を戻す。これまで見てきたとおり、「新忠」において倭乱は、過去より連綿と続く外勢との戦いの大きな一コマであった。直前の丁亥倭変は言うまでもなく、それ以前の倭寇や蒙古、北方騎馬民族、そして時には中原（中国）、内乱の首謀者など、いずれもいつの時代にも現れる敵という、連続的なイメージで記事が綴《つづ》られ、古今を問わず朝鮮ではいつも忠臣たちが国や王・主を守るよう描かれた。「変わらぬ敵と悠久の我が国・我が王」を表現し、アピールしなければならないほど、光海君代の朝鮮は人心が不安定だったのであり、そのような当時の朝鮮の人々の心を収めようと描かれたのが、「新続忠臣図」で示される理想的忠の群像だったのである。

注

（1）この戦争の呼称についての詳細は、［川西　二〇二二］を参照。なお、本書では「新続忠臣図」に対する朝鮮国の人々の読み方に近づけることで当時の読みを追体験するという試みのため、朝鮮側の視点を用いた。

（2）［韓明基　二〇一八］や、［오항녕　二〇一二］など。また、児童向け歴史学習書として［신형식・박영규・낙송재　二〇一五］のような本まで出ているのは、光海君への再評価が一般化しつつある証左と言えよう。

（3）後述する成宗代撰述の刪定版『三綱行実図』のほうが韓国では一般的であり、『三綱行実図』といえば通常はこちらを指す。これには、世宗の初刊『三綱行実図』が一度しか刊行されていないのに対して、刪定『三綱行実図』がその後も朝鮮王朝時代を通して複数回刊行され、読まれ続けたたからであろう。

（4）『世宗実録』巻四一、二一オ—ウ／世宗一〇年九月二七日丙子条。

（5）『世宗実録』巻四二、一オ／世宗一〇年一〇月三日辛巳条。

（6）本来、三綱とは、君臣・父子・夫婦という三つの人間関係の、儒教における総称である。漢代の知識人、班固の『白虎通徳論』巻七の「三綱六紀」で説明されている。曰く、「君は臣の綱たり、父は子の綱たり、夫は婦の綱たり」と、ここで言う「綱」は大法、すなわち大きな規律である。つまり、君主は臣下にとって、父は子にとって、夫は妻にとって、各々その意に従うべきもの、と説いている。無論、このような上下関係の規定は現代にそぐわないけれども、君臣・父子・夫婦というように人間関係を型として把握していた点は、現代とさほど変わらない。そして、君・父・夫に対して臣・子・婦がどのような心で対し、どう行動すれば良いと考えられていたかといえば、これが儒教徳目のうちの忠・孝・烈（貞烈）で、その模範像が孝子・忠臣・烈女であった。

（7）いわば、奨励型の民衆教化である。そして、これとは逆に儒教道徳に反する行為を取り締まる、処罰型の民衆教化政策もあった。したがい、朝鮮国の民衆教化政策は奨励と処罰の両側面から行われていた。奨励型については、［朴珠　一九九〇］、処罰型の民衆教化政策については、［古田　二〇〇〇］を参照。

（8）行実図の系統的展開については、［金子　二〇〇九：五三三、表二］を参照。

（9）書誌情報は、ソウル大学校奎章閣韓国學研究院所蔵本による。なお、管見では、『東新』の完本かそれに近い状態の原書の所蔵が確認できたのは同院だけである。便宜上、旧書庫所在地の名を借りて、太白山本・五台山本と呼ぶことにする。太白山本（請求記号：奎 1832-v.1-18）は続附まで全一八巻揃っており、五台山本（請求記号：奎 39-v.1-17）は新続部全一七巻のみで続附を欠く。

（10）倭乱時の孝子・烈女記事の比率は、孝子が七〇五例中の二五三、烈女記事は七二〇例中の五六二である。

（11）なお、壬辰倭乱の時系列については、［北島　一九九〇：三七三—四〇三頁、豊臣政権の朝鮮侵略関係年表］に依拠した。また、日本側の動きについては、同書のほか、［中野　二〇〇八］も合わせて参照した。

（12）生没年未詳、号は格菴。風水・天文・卜筮・観相にすぐれ、予言すれば必ず当たると言われた。南師古については、正史『朝鮮王朝実録』で、宣祖に引見された李山甫が明から送られた援軍の袁黄の望気（雲気を見て吉凶を読む）の能力に対して「我が国の南師古も望気します（我國南師古、亦望氣）」（『宣祖実録』巻三四、一七ウ—一九ウ／宣祖二六年一月一二日条）と述べている。このことから、正史・野史、ひいては朝鮮における壬辰倭乱像における南師古及びその能力は一定のリアリティを持つものと認識されていたと考えられる。なお、南師古含め人物の紹介には、［朝鮮総督府編　一九三七］と［林鍾旭編　二〇〇九］に拠った。
(13) 文献によっては李大源。元と源は朝鮮語で同音。
(14) 原文は「其目如鼠、不足畏也」。なお、金誠一とともに使者として秀吉に会った対立党派「西人」の黄允吉は「ギラギラとした眼光で、胆力と智力の備わった人物と思われる（其目光爍爍、似是膽智人也）」と評した。
(15)『宣祖実録』巻二六、宣祖二五年四月三〇日己巳条。
(16)『燃藜室記述』（民族文化推進会本）巻之一五「宣祖朝故事本末」、壬辰倭乱大駕西狩、六四二頁第九条。なお、「無礼之徒」は同書韓国語訳も「무례한 무리（無礼な連中）」で原文と大差ない。後述の「乱民」を指す。
(17) 一五九四年から一五九六年までの期間は武力衝突よりも講和交渉が主となる。その前年に当たる一五九三年は一月の明・朝鮮軍との戦いによる小西行長らの平壌撤退や晋州城戦があった一方、沈惟敬や宋応昌といった明勢が小西行長と会見を持ち、講和交渉も並行された年であった。これを経て翌年からの約三年は日明の交渉が中心となり、一五九六年九月に交渉が破綻したことで再戦へと事態が動く。しかし、以上の動向は「新忠」で一切描かれないため、ここでの補足にとどめた。
(18) 例えば、壬辰倭乱の幸州山城戦や、丁酉再乱の蔚山城戦や順天戦を舞台とする記事は無い。
(19)『三綱行実図』の初刊本と刪定諺解本、および『続三綱行実図』の初刊本と増補本は、それぞれ一括りに『三綱行実図』・『続三綱行実図』と見なした。それぞれの後者はその前者をベースとするもので新種の〈三綱行実図〉ではないためである。
(20)［稲葉　一九七六：一頁］。
(21)［韓明基　二〇一八：五四頁］。
(22)［姜在彦　二〇〇一：三二一頁］。
(23) 例えば、三四番目の李大源であれば「萬戸李大源」となり、万戸が役職である。しかし、三二番目の申湉と六二番目の尹欽信・尹欽道・金麟祥の三人一組の記事だけは、人名しか記されていない。
(24)「新忠」で例えれば、前注の「萬戸李大源」の記事がそのタイトルである「大源力戦」となっているようなものである。『東新』以外の全ての行実図が目録に記事題を列挙する形式を採っている。
(25) なお、韓国では、新羅の半島統一後の時代について、高句麗の故地を含む北方に興った渤海を新羅と並立していたと考える南北国時代とする説もあるけれども、『東新』に渤海事例が全く出てこないため、本書ではこの説を採らない。
(26) 生没年は五九五—六七三。新羅の朝鮮統一に最も貢献した将軍として韓国では非常に有名な人物で、韓国に現存する最も初期の史書『三国史記』・『三国遺事』で立伝されているのをはじめ、高麗の李仁老『破閑集』や朝鮮王朝時代後期の洪良浩『海東名将伝』など、長く語られ続けている。ただ、このように事績が知られているにもかかわらず、「新忠」では全く言及されず、記事も無い。なお、金庾信の参考文献としては、以下が比較的入手しやすい。［植田　二〇二〇］、［鄭在珉　二〇一四］。

(27) 伊飡と大阿飡は新羅の全一七等級ある位の名で、前者は上から二番目、後者は五番目、である。したがい、金春秋のほうが上位の身分で、金春秋の従者として同行していたとしても、大阿飡は父母のどちらかが王族である者しか就けない位であるため、温君解自身も貴族であったと考えられる。

(28)『三国史記』巻五、八ウ—九オ／「新羅本紀」五、真徳王二年冬条。なお、［井上・鄭訳注　一九八八：一七頁］では金春秋はまず高句麗に援軍要請をしたものの成功しなかったので唐へ求めた、とする。

(29) 伐字は韓国在来語の벌の音写で、原や野の意味。二〇〇三年に公開された歴史コメディ映画『황산벌』（読みはファンサンボル。이준익監督、配給会社は씨네월드、日本で紹介された際の邦題は『黄山ヶ原』）はこの戦いを舞台とする。

(30) この記事では階伯の職位を元帥としているため、これに従った。

(31)「新忠」全体で三一、内訳は乱前記事が一三、倭乱記事が一八で、概ね全体を通して多く描かれた忠行為であることが分かる。［金子　二〇〇九：五五三頁、表三］。

(32)「新忠」では言及されていないものの、『三国史記』巻四七、「列伝」七に収録された「官昌」伝では、官昌が花郎であったと明示されている。

(33) 漢文原文は「少女」。『三国史記』の同部分の訳は、［井上・鄭訳注　一九八八］や韓国の国史編纂委員会が運営する『韓国史データベース』では、それぞれ「幼い女児」「어린 딸（幼い娘）」とする。しかし、本書ではその論旨上、「新忠」の諺解「저근ᄯᆞ리져근ᄯᆞ리（現代語では작은 딸이）」に従って「下の娘が」とした。

(34) 新羅第二六代国王。生年未詳、没年は六三二年、在位年は五七九—六三二。武烈王金春秋は真平王の従甥。

(35) この長歌は「実兮歌」と称されるものの、残念ながら今に伝わらない。

(36)『東史綱目』巻三下、九ウ—一〇オ。

(37) 百済・高句麗滅亡から唐の新羅遠征断念までの経緯は、［盧泰敦　二〇一〇：四〇九—四一二頁］を参照。

(38) 韓国学中央研究院『韓国民族文化大百科』、インターネット版、「功臣」、二〇二三年三月一九日閲覧。

(39) 一二一七（高麗高宗四）年に崔光秀が「高句麗興復」を唱え平壌で起こした後、これを鎮圧した一行の一人、畢玄甫が一二三三（高麗高宗二〇）年にやはり平壌を拠点に反乱を起こした。前者が崔光秀の乱、後者が畢玄甫の乱である。

(40) 元の侵入で臨時首都となった江都（江華）を守っていた高麗の「三別抄」（正確には、左別抄・右別抄・神義軍の三軍の総称）が、解散命令を受けたことや親元政策を採った元宗が首都を開城に戻したことへの不服・反対を動機として一二七〇（高麗元宗一一）年に起こした反乱。「三別抄抗争」ともいう。

(41) 李資謙および李資謙の乱については、韓国学中央研究院『韓国民族文化大百科』インターネット版、および『DOOPEDIA斗山百科』（旧『斗山世界大百科事典』）インターネット版の「李資謙의亂」を要約した。二〇二三年三月二〇日閲覧。

(42) 『高麗史節要』巻九、一〇オ―一四オ。

(43) 『高麗史』では「洪灌は老い、病気であったので歩けず後ろに居り、西華門外に着いたところで」となる。

(44) 『ブリタニカ国際大百科事典 小項目事典』（コトバンク版）、Britannica Japan Co., Ltd. 二〇二三年三月二五日閲覧。

(45) 『日本大百科全書（ニッポニカ）』（コトバンク版）、小学館、二〇二三年三月二五日閲覧。

(46) [包黎明　二〇一〇：九八頁、表1]。

(47) なお、その後、一二三二年には首都を開京（開城）から江都（江華島）に移して抗戦するも、一二五九年には太子（後の高麗第二四代国王元宗）をモンゴルに送って降伏。翌年に元宗が帰国・即位した後、元の意向に従い一二七〇年に首都を開城に戻し、一二七三年には高麗と元との連合軍が三別抄軍を制圧したことで、高麗は完全に元の支配下に入った。この支配は一三五六年まで続く。

(48) 『高麗史』巻一〇七、一一ウ―一二ウ／「列伝」巻二〇、「鄭仁卿」。

(49) 『宣祖実録』巻一五四、一五オ―ウ／三五年九月甲申。

(50) 「高祖考務安縣監府君墓銘」（『来庵集』巻一三、二三ウ―二五オ）参照。なお、来庵は鄭仁弘の号。

(51) 『東新』「新撰官員職名」、一オ。

(52) [황의동　二〇〇六]。

(53) 倭寇に関する記述は、[東京大学史料編纂所編　二〇一四：三―四頁] に依拠した。

(54) [世宗大王紀念事業会　二〇一五：九〇頁]。

(55) [姜在彦　二〇〇一：一七四頁]。

(56) 国立国語院『標準国語大辞典』公式インターネット版、「義兵」、二〇二三年三月三〇日閲覧。

(57) [盧永九　二〇一七：三八一―三八二頁] なお、奉化小川の戦いについては、この研究に拠って解説した。

(58) 朴楠については別稿で論じたことがあるので、そちらを参照されたい。[金子　二〇〇七：二五三頁]。

(59) 以下の論文が朝鮮国における女性の忠について参考になろう。ただし、『東新』の扱いについては、新続部と続附部を区別していない。[鄭智泳　二〇一一]。

（60）李舜臣に関する著述のうち、入手しやすいものとして以下が挙げられよう。まず、李舜臣の著『乱中日記』を翻訳した［北島訳注 二〇〇〇―二〇〇一］。また［北島 二〇一二］。及び［鈴木 二〇二〇］。

参考文献

〈一次資料およびそれに準ずる資料〉

一九五八―一九五九『東国新続三綱行実』（乾・坤二巻）（青丘叢書第一・二）、国立図書館

一九六七 李肯翊『燃藜室記述』Ⅳ（古典国訳叢書）、民族文化推進会（現、韓国古典翻訳院）

世宗大王紀念事業会
二〇一五『訳注東国新續三綱行實圖』3（忠臣図巻1）、世宗大王紀念事業会

〈日本語文献〉

稲葉岩吉
一九七六『光海君時代の満鮮関係』、国書刊行会

井上秀雄・鄭早苗訳注
一九八八『三国史記』4（平凡社東洋文庫492）、平凡社

植田喜兵成智
二〇二〇「金庾信 新羅の三国統一における最大の功臣」、上田信編著『侠の歴史（東洋編下）』、二六一―四一頁、清水書院

金子祐樹
二〇〇七「忠の人物像を観点とした『東国新続三綱行実図』と『官刻孝義録』の比較研究」『Journal of Korean Culture』9、韓国語文学国際学術フォーラム、二四一―二八一頁。
二〇〇九「행실도계 교화서의 전개와 충행위의 추이 ―17세기 초기의 관찬교화서『동국신속삼강행실도』의 분석을 통해―（行実図系教科書の展開と忠行為の推移――一七世紀初期の官撰教化書『東国新続三綱行実図』の分析を通して）」、『民族文化研究』五一、五二五―五七八頁、高麗大学校民族文化研究院

川西裕也
二〇二二「『文禄慶長の役』呼称の再検討」『韓国朝鮮文化研究』二一号、六三―八九頁、東京大学大学院人文社会系研究科

韓国朝鮮文化研究室

「新続忠臣図」

姜在彦（カン＝ジェオン）
二〇〇一『朝鮮儒教の二千年』〈朝日選書668〉、朝日新聞社
北島万次
一九九〇『豊臣政権の対外認識と朝鮮侵略』、校倉書房
二〇一二『秀吉の朝鮮侵略と民衆』〈岩波新書〉、岩波書店
北島万治訳注
二〇〇〇─二〇〇一『乱中日記』〈平凡社東洋文庫〉全三巻、平凡社
鈴木開
二〇二〇「李舜臣──朝鮮の救国の英雄、「東洋のネルソン」の素顔」、上田信編『侠の歴史　東洋編（下）』、二二八─二四三頁、清水書院。
鄭在珉（チョン＝ジェミン）
二〇一四「英雄型武将の原型、金庾信」（井上泰至・長尾直茂・鄭炳説編『日中韓の武将伝』〈アジア遊学173〉、一六八─一七八頁、勉誠出版
朝鮮総督府編
一九三七『朝鮮人名辞書』第一書房（一九七七年復刻版）
東京大学史料編纂所編
二〇一四『描かれた倭寇──「倭寇図巻」と「抗倭図巻」』、吉川弘文館
中野均
二〇〇八『文禄・慶長の役』〈戦争の日本史16〉、吉川弘文館
盧泰敦（ノ＝テドン）
二〇一〇「古代東アジア国際秩序の再編と韓日関係──7～9世紀」、『日韓歴史共同研究報告書（第2期）』、三九七─四五二頁、日韓文化交流基金、https://www.jkcf.or.jp/projects/2010/17283/
古田博司
二〇〇〇『李朝儒礼教化政策史研究──儒教思想の政治的実践と破綻に関する一考察』、筑波大学博士（法学）論文
包黎明

二〇一〇「中学校歴史教科書における「元寇」記述についての比較研究」『広島大学大学院教育学研究科紀要 第二部 文化教育開発関連領域』五九、九七―一〇三頁、広島大学大学院教育学研究科

〈日本語データベース〉

DIGITALIO・C-POT 共同運営
『コトバンク』、https://kotobank.jp/

〈韓国語文献〉

盧永九（ノ＝ヨング）
二〇一七「임진왜란 초기 봉화 小川 전투의 전개와 전쟁사적 의미（壬辰倭乱初期における奉化小川の戦いと戦争史的意味）」『嶺南学』六二、慶北大学校嶺南文化研究所、三八一―四〇六。

朴珠（パク＝ジュ）
一九九〇『朝鮮時代의 旌表政策（朝鮮時代の旌表政策）』、一潮閣

신형식（シン＝ヒョンシク）監修・박영규（パク＝ヨンギュ）文・낙송재（ナクソンジェ）画
二〇一五『외교에 힘쓴 광해군―조선 제15대 광해군 3（外交に尽力した光海君――朝鮮第一五代 光海君 三）』、통큰세상

오항녕（オ＝ハンニョン）
二〇一二『광해군―그 위험한 거울（光海君――その危険な鏡）』、너머북스

林鍾旭（イム＝ジョンウク）編・東方漢文学会監修
二〇〇九『한국역대인명사전』（韓国歴代人名辞典）、이회문화사

鄭智泳（チョン＝ジヨン）
二〇一一「임진왜란 이후의 여성교육과 새로운·충忠·의 등장―『東国新續三綱行實圖』를 중심으로――（壬辰倭乱以後の女性教育と新たな「忠」の登場――『東国新続三綱行実図』を中心に）」『国学研究』一八、韓国国学振興院、一五七―一八四頁。

韓明基（ハン＝ミョンギ）
二〇一八『광해군―탁월한 외교정책을 펼친 군주（光海君――卓越した外交政策を展開した君主）』（第二版）、歴史批評社
※初版は二〇〇〇年

황의동（ファン＝イドン）
二〇〇六「鄭臣保、鄭仁卿 父子의 行蹟과 忠南西部地域의 儒学（鄭臣保・鄭仁卿父子の行蹟と忠南西部地域の儒学）」『東西哲学研究』四二、韓国東西哲学会、一四五―一六四頁。

〈韓国語データベース〉

高麗大学校民族文化研究院
『高麗大韓国語大辞典』NAVERインターネット辞典版、https://dict.naver.com/

国立国語院
『標準国語大辞典』公式インターネット版、https://stdict.korean.go.kr/main/main.do

国史編纂委員会
『韓国史データベース』、https://www.history.go.kr/
『朝鮮王朝実録』データベース版、https://sillok.history.go.kr/main/main.do

株式会社斗山
『DOOPEDIA 斗山百科』インターネット版、https://www.doopedia.co.kr/index.do

韓国古典翻訳院
『韓国古典総合データベース』、https://db.itkc.or.kr/

韓国学中央研究院
『韓国民族文化大百科』インターネット版、https://encykorea.aks.ac.kr/
『韓国歴代人物総合情報システム』、http://people.aks.ac.kr/index.aks

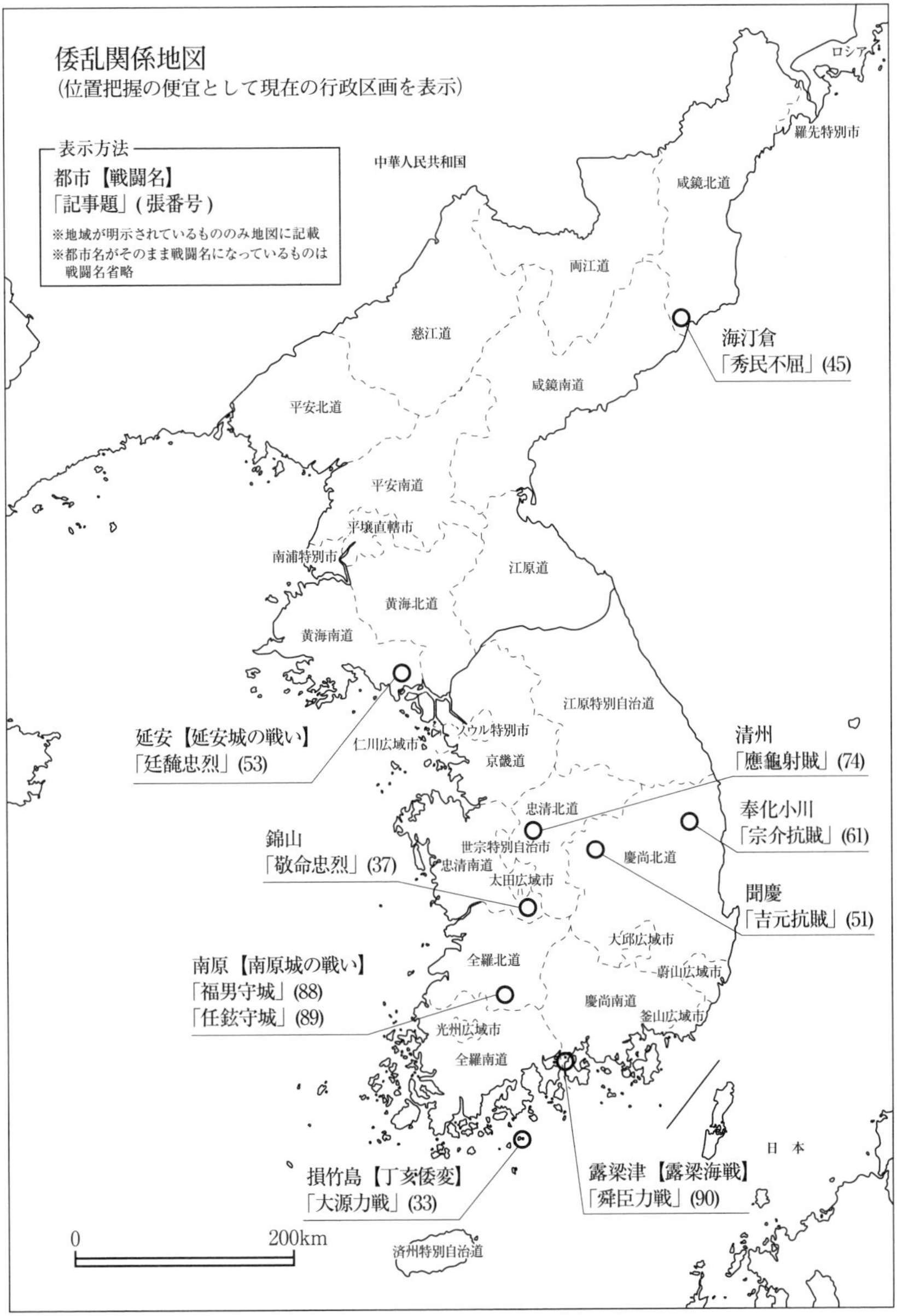
倭乱関係地図
(位置把握の便宜として現在の行政区画を表示)
表示方法
都市【戦闘名】
「記事題」(張番号)
※地域が明示されているもののみ地図に記載
※都市名がそのまま戦闘名になっているものは
戦闘名省略
中華人民共和国
ロシア
羅先特別市
咸鏡北道
両江道
慈江道
咸鏡南道
平安北道
平安南道
平壌直轄市
南浦特別市
江原道
黄海北道
黄海南道
海汀倉
「秀民不屈」(45)
延安【延安城の戦い】
「廷蘊忠烈」(53)
江原特別自治道
ソウル特別市
仁川広域市
京畿道
清州
「應龜射賊」(74)
奉化小川
「宗介抗賊」(61)
忠清北道
世宗特別自治市
忠清南道
太田広域市
慶尚北道
錦山
「敬命忠烈」(37)
聞慶
「吉元抗賊」(51)
大邱広域市
蔚山広域市
全羅北道
南原【南原城の戦い】
「福男守城」(88)
「任鉉守城」(89)
慶尚南道
釜山広域市
光州広域市
全羅南道
日本
損竹島【丁亥倭変】
「大源力戦」(33)
露梁津【露梁海戦】
「舜臣力戦」(90)
0
200km
済州特別自治道

新続忠臣図記事による関連年表

	西暦年	国名	王代	月	日	歴史上の事件	人物	記事	張
朝鮮三国	246 頃	高句麗	東川王 20	10	-	魏と、丸都城の戦い	密友 紐由	密紐救主	14
	590	高句麗	嬰陽王 01	-	-	新羅と、阿旦城での戦い	温達	温達誓衆	13
	631	新羅	真平王 53	-	-	実兮、流配される	実兮	実兮長歌	5
	～ 632	新羅	真平王 ??	-	-	金后稷、墓から王を諌める	金后稷	后稷墓諌	7
	645	新羅	善徳王 14	-	-	高句麗と、駐蹕山下での戦い	薛罽頭	罽頭力闘	3
	648	新羅	善徳王 17	-	-	金春秋、唐より帰国	温君解	君解代死	1
	656	百済	義慈王 16	9	-	刀比川城、新羅により陥落	成忠	成忠上書	11
	660	新羅	武烈王 07	7	9	新羅対百済、黄山伐の戦い	官昌	官昌突陣	8
		百済	義慈王 20				階伯	階伯鏖戦	12
		新羅	武烈王 07	11	1	高句麗と、七重城の戦い	匹夫	匹夫血戦	4
	675	新羅	文武王 15	9	-	靺鞨と、阿達城での戦い	素那	素那突賊	10
高麗	927	高麗	太祖 09	9?	-	後百済と、公山での戦い	申崇謙	崇謙壮節	15
	1126	高麗	仁宗 04	2	26	李資謙の乱	金縝	金縝投火	16
							高甫俊	甫俊投崖	17
							洪灌	洪灌衛主	18
	1231	高麗	高宗 18	-	-	蒙古軍と、慈州城の戦い	崔椿命	椿命全城	25
	1260	高麗	元宗 01	-	-	元の統一	鄭臣保	臣保渡海	26
	1371	高麗	恭愍王 20	-	-	倭寇との衝突	鄭沉	鄭沉投水	28
	1392 ～	朝鮮国	太祖 ??	-	-	高麗の臣として隠遁	徐甄	徐甄作詩	29
倭乱前	1476	朝鮮国	世祖 13	5	19?	李施愛の乱	申泂	申泂罵賊	32
	1569	朝鮮国	宣祖 03	-	-	二度の国喪	宋秀彦	秀彦行素	33
	1587	朝鮮国	宣祖 20	2	-	丁亥倭変	李大源	大源力戦	34
壬辰倭乱	1592	朝鮮国	宣祖 25	7	9	錦山の戦い	高敬命	敬命忠烈	37
		朝鮮国		7	17	海汀倉での戦い	許秀民	秀民不屈	45
		朝鮮国		7	下旬	奉化小川の戦い	柳宗介	宗介抗賊	61
		朝鮮国		7	?	清州での戦い	鄭応亀	應亀射賊	74
		朝鮮国		8	22	延安城の戦い	李廷馣	廷馣忠烈	53
	時期不明	朝鮮国	宣祖 25?	-	-	??	朴薳	朴薳罵賊	52
		朝鮮国		-	-	??	申吉元	吉元抗賊	51
		朝鮮国		-	-	??	ソェ （金伊）	金伊護主	80
		朝鮮国		-	-	??	莫介	莫介把刃	84
丁酉倭乱	1597	朝鮮国	宣祖 30	8	15	南原城の戦い	李福男	福男守城	88
							任鉉	任鉉守城	89
	1598	朝鮮国	宣祖 31	11	17	露梁海戦	李舜臣	舜臣力戦	90
乱後	1608 ～	朝鮮国	宣祖没後	-	-	宣祖の国喪	裴舜	裴舜行素	76

※本書で取り上げられた「新続忠臣図」の記事に基づいて整理しているため、網羅的ではなく、朝鮮史上の事件名とも一致しない場合もある。また、編者の操作による記事内容の時期の誤りは、「新忠」の内容として敢えて修正せず表にした。

あとがき

筆者が松下国際財団（現、松下幸之助記念志財団）の助成で韓国に滞在したのは2009年4月からの2年強なので、もう随分以前のことになってしまった。これほど長期間の在外研究が実現できたのは、ひとえに同財団の御支援による。謹んで感謝を申し述べたい。合わせて、同財団の御支援で組織され、編集会議で御助言下さったブックレット委員会の方々へもお礼申し上げる。

また、この間に得られた韓国の研究仲間とは今でも酒を酌み交わし、ときに同じ事業でともに仕事もする。このような人間関係が得られたのは、愛弟子たちを御紹介下さり、受入教官として快く御指導下さった、沈慶昊先生（現、韓国・高麗大学校名誉教授）のおかげである。この場を借りて感謝を申し上げます。

さて、上にも書いたとおり恵まれた環境で勉強できたにもかかわらず、本書を最初の著書としてようやく出すに至った原因は、筆者の浅学菲才以外にない。そのため、博士課程の師、野崎充彦先生（現、大阪市立大学名誉教授）にはすっかり御心労をかけてしまった。お詫びのしようもない。それでも、今なお御自身の玉稿を通して筆者に御指導下さるその御学恩に、本書で少しでも報いられていればと願ってやみません。

行実図を初めて目にしたのは、修士課程の師である古田博司先生（現、筑波大学名誉教授）の御著書『朝鮮民族を読み解く』（ちくま新書版）によってである。生まれて初めての関東生活を日々の御指導で充実させて下さった御恩に感謝の念は堪えません。

その後も紆余曲折あり、ようやく出てきた成果の一部が本書である。深みというよりは、『東新』そのままに事例数が強みのカタログのようになってしまったが、まだまだ認知度の低い韓国朝鮮の古典文学を少しでも知ってもらうという目的には、或る程度適うのかも知れない。ただ、少し考えれば分かることなのだが、本書を書くということはブックレットのボリュームで朝鮮三国から壬辰丁酉倭乱までの朝鮮史を書くということであり、筆者の菲才を痛感しつつも何とか書き上げられたのは、各記事で活躍する忠臣たちの話を楽しめたからに他ならない。本書を通じて、朝鮮の忠臣たちが、関羽やアーサー王のように親しまれるきっかけになれば幸いである。

最後に、本書が最初の著書となる筆者の及ばぬところをフォローしつつも基本的には黙って見守り続けて下さった、風響社の石井雅社長に感謝を申し述べる。

著者紹介

金子祐樹（かねこ　ゆうき）

1975年、大阪府生まれ。

筑波大学地域研究研究科修士、大阪市立大学アジア都市文化学専攻後期博士課程単位取得退学。

韓国思想史・古典文学。日韓通翻訳文化論。

現、東国大学校（韓国）WISEキャンパスグローバル語文学部日語日文学科講義招聘教授。

主な論文に、「忠の人物像を観点とした『東国新続三綱行実図』と『官刻孝義録』の比較研究」（『Journal of Korean Culture』9、韓国語文学国際学術フォーラム、2007）、「행실도계 교화서의 전개와 충행위의 추이：17세기 초기의 관찬교화서『동국신속삼강행실도』의 분석을 통해」（『民族文化研究』第51号、高麗大学校民族文化研究院、2009）、「異文化理解教材としての『全一道人』小考 — 韓語通詞養成用教材としてのその適性 —」（『日本文化学報』第81号、韓国日本文化学会、2019）「『全一道人』에 있어서의‘服喪’의 번역문화론적 연구」（『古典翻訳研究』12、韓国古典翻訳学会、2021）。

また、主な翻訳・監訳としては、『日本京都大学図書館所蔵韓国典籍』（共監訳、国外所在文化財財団（韓国）、2022）、高東煥「「朝鮮時代における都市の位階と都市文化の拡散」（井上徹他編『東アジアの都市構造と集団性 — 伝統都市から近代都市へ』（大阪市立大学文学研究科叢書9）、2016、所収）」、沈慶昊「「近代以前の韓国における国家、社会と「文」」（河野貴美子他編『日本「文」学史　第三冊』、勉誠出版、2019年、所収）など。

「新続忠臣図」　倭乱後朝鮮における理想的忠の群像

2023年10月15日　印刷
2023年10月25日　発行

著者　金子祐樹
発行者　石井　雅
発行所　株式会社　風響社

東京都北区田端 4-14-9（〒114-0014）
Tel 03（3828）9249　振替 00110-0-553554
印刷　モリモト印刷

ISBN978-4-89489-818-9 0022